# Lösungen zum Arbeitsheft „Abschlussprüfung Deutsch Berufsschule Baden-Württemberg“

## Kapitel 1 · **Schaubild**

**Seite 4**

***Aufgabe 1***
Entwicklung des Pro-Kopf-Verbrauchs von Tiefkühlkost in Deutschland und prozentuale Aufteilung des Tiefkühlsortiments.

**Seite 5**

***Aufgabe 2*** und ***3***
*2)* Information rund um die Tiefkühlkost.
*3)* 1977 – 2007

***Aufgabe 4***
*a)* Globus-Grafik, dti
*b)* Deutsches Tiefkühlinstitut
*c)* Globus: eine deutschsprachige Infografik-Agentur

***Aufgabe 5*** und ***6***
*5)* Es liegen zwei Diagramme vor. Ein Kurven- oder Liniendiagramm und ein Kreisdiagramm.
*6)* Das Kurven- oder Liniendiagramm enthält absolute Zahlen, das Kreisdiagramm Prozentzahlen.

**Seite 6**

***Test***
Der Verbrauch von Tiefkühlkost ist in den letzten Jahren immer weiter gestiegen.
Zu dem Verbrauch von Speiseeis werden keine Angaben gemacht.
2007 wurden in Deutschland nicht 38,1 kg Tiefkühlgerichte pro Kopf, sondern Tiefkühlkost verbraucht.
1992 macht Tiefkühlkost nicht 23,1 % der Nahrung in Deutschland aus. Es wurden 23,1 kg Tiefkühlkost pro Kopf verbraucht.
Obst und Obstsäfte stellen 2,1 % der Tiefkühlkost.
Zwar sind auf dem Bild Karotten, Blumenkohl und Erbsen zu sehen. Aussagen zu den einzelnen Gemüsesorten werden jedoch nicht gemacht. Es geht nur um Gemüse insgesamt.
Backwaren stellen den höchsten und Obst sowie Obstsäfte den geringsten Anteil am Tiefkühlsortiment.
Der Pro-Kopf-Verbrauch wird alle 5 Jahre neu erfasst.

**Seite 7**

***Aufgabe 7***
Zum Beispiel:
**Diagramm 1 – Kurven-/Liniendi**
Das Diagramm hält den Verbrauch v
Zeitraum von 1977 bis 2007 fest. Für jedes 5.
wird eine Angabe gemacht. Innerhalb von 30 Jahren hat sich der Verbrauch von Tiefkühlkost fast verdreifacht. Den größten Anstieg gab es zwischen 1997 und 2002. Zwischen 1987 und 1992 war der Anstieg am geringsten.



**Diagramm 2 – Kreisdiagramm:**
Das Tiefkühlsortiment wird für das Jahr 2007 aufgeschlüsselt und die Pro-Kopf-Verbrauchsanteile von neun Lebensmittelgruppen werden gezeigt. Backwaren stellen den höchsten Anteil.

**Seite 8**

***Aufgabe 1*** (oben)
*a)* Die Aussagen stimmen überein.
*b)* Dort können die Aussagen zweier Grafiken in einem Schaubild dargestellt werden.
*c)* Zum Beispiel: Der Titel der Globus-Grafik ist griffiger und emotionaler als der sachliche Titel der dti-Grafik.

***Aufgabe 2***
*a)* Es herrschen kühl wirkende Farben vor. Sie stehen für Kälte.
*b)* Die Eiskristalle passen zu dem Thema. Die abgebildeten Produkte (Brezel und Gemüse) zählen zu den Produkten, die die größten Anteile am Sortiment stellen.

***Aufgabe 1*** (unten)
Das vorliegende Schaubild setzt sich mit dem Thema Tiefkühlkost auseinander. Das Deutsche Tiefkühlinstitut (dti) wird als Quelle angegeben; Globus veröffentlichte es als Globus-Grafik mit der Nummer 2303. Durch zwei Diagramme wird der Anstieg des Pro-Kopf-Verbrauchs von Tiefkühlkost in Deutschland zwischen den Jahren 1977 und 2007 verdeutlicht sowie die Aufteilung des Tiefkühlkostsortiments im Jahr 2007.

**Seite 9**

***Aufgabe 2***
Zum Beispiel:
Pro-Kopf-Verbrauch von Nahrung überhaupt – Käuferverhalten – Erklärung für Startdatum 1977

***Aufgabe 3***
Muster:
Das Schaubild „Heiß geliebte Tiefkühlkost“ stammt vom Globus Grafikdienst. Es zeigt die Entwicklung des Pro-Kopf-Verbrauchs von Tiefkühlkost in Deutschland über einen Zeitraum von 30 Jahren (1977 bis 2007) sowie die prozentuale Aufteilung des Tiefkühlsortiments. Der Verbrauch von Speiseeis wird nicht berücksichtigt. Die Globus-Grafik greift auf Zahlen des deutschen Tiefkühlinstituts (dti) zurück.
Zur Veranschaulichung dienen zwei Diagramme: ein Linien- und ein Kreisdiagramm. Die obere Hälfte des Schaubildes zeigt mit Hilfe des Liniendiagramms, wie stark der Verbrauch von Tiefkühlkost von 1977 bis 2007 angestiegen ist. Ein Kreisdiagramm in der unteren Hälfte stellt die prozentualen Anteile der verschiedenen Produkte an der Tiefkühlkost dar.
Beide Diagramme verbindet neben dem Inhaltlichen auch ihre Gestaltung mit vorwiegend blauer Farbe und Eiskristallen. Verklammert werden sie optisch noch durch zwei Bilder: eine Brezel sowie ein Päckchen Gemüse – beides tiefgefroren. Die beiden Bilder stehen für Produktgruppen, die zu den beliebtesten des Tiefkühlsortiments zählen. Im Gesamt-Schaubild finden sich Eiskristalle nicht nur in den Diagrammen wieder. Sie sind auch neben Brezel und Gemüse sowie am linken unteren Rand des Schaubildes platziert. Der hellblaue Hintergrund, die blaue Farbe der Diagramme sowie die weißen Kristalle bilden eine farbliche Einheit, die gut zu dem frostigen, eisigen Thema des Schaubildes passt.
Am oberen Liniendiagramm lässt sich leicht ablesen, dass der Verbrauch seit 1977 um fast das Dreifache gestiegen ist. Waren es damals noch 13 Kilogramm pro Kopf und Jahr, hat sich der Verbrauch bis 2007 auf 38,1 Kilogramm gesteigert. Der steilste Anstieg erfolgte zwischen 1997 und 2002. Ansonsten nahm der Konsum innerhalb des gemessenen Fünfjahres-Abstandes jeweils um drei bis vier Kilogramm pro Person zu.
Das untere Kreisdiagramm zeigt mittels Prozentzahlen an, welche Tiefkühlprodukte die Deutschen bevorzugen. Mehr als ein Viertel (27,9 Prozent) der verbrauchten Tiefkühlkost entfällt auf die „Fast-Food-Produkte“: Snacks, Tiefkühlgerichte und Pizzas, die allein 8,0 Prozent ausmachen.
An erster Stelle des Gesamtverbrauchs liegen mit 18,1 Prozent die tiefgefrorenen Backwaren, gefolgt vom Gemüse mit 14,1 Prozent. Das Kreisdiagramm zeigt ferner, dass Fleischerzeugnisse aus der Tiefkühltruhe (14,5 Prozent) lieber gekauft werden als Fische, Krusten- und Weichtiere (9,6 Prozent). Einen Platz im Mittelfeld nehmen Tiefkühlgerichte mit 13,0 Prozent und Kartoffelerzeugnisse mit ebenfalls 13,0 Prozent ein. Obst und Obstsäfte scheinen die Deutschen lieber frisch als tiefgefroren zu konsumieren. Mit nur 2,1 Prozent bildet diese Lebensmittelgruppe das Schlusslicht der gezeigten Statistik.
Insgesamt gesehen lässt das Schaubild die Schlussfolgerung zu, dass Tiefkühlkost in Deutschland beliebt ist. Es wäre interessant zu wissen, wie hoch der Pro-Kopf-Verbrauch von Nahrung in Deutschland überhaupt ist. Dann könnte man noch deutlicher sehen, welchen Stellenwert die Tiefkühlkost bei den Essgewohnheiten einnimmt.

***Aufgabe 1***
***a)*** **Olli Becker, Azubi, 18 Jahre, eigener Haushalt, Single:** z. B.: Er hat wenig Zeit, kann eventuell nicht gut kochen, ihm macht es keinen Spaß, für sich allein zu kochen, lieber hat er es schnell und unkompliziert.
**Gabriele Singer, Hausfrau, 35 Jahre, verheiratet, zwei Kinder:** z. B.: Tiefkühlgemüse weist meist einen hohen Nährstoffgehalt auf, so ist jederzeit etwas Frisches auf dem Tisch, flexible Essenszubereitung ist so möglich, eventuell haben Familienmitglieder unterschiedliche Essenszeiten.
**Georg Jochim, Rentner, 72 Jahre, verwitwet:** z. B.: Tiefkühlkost ist gut portionierbar, unkompliziert, bietet große Auswahl ...
**Suzan Sommerfeld-Ludwig, berufstätig, 45 Jahre, Hobbyköchin:** z. B.: Sie ist experimentierfreudig mit exotischen Nahrungsmitteln, Liebt die Flexibilität und Frische
***b)*** Gastronom, Koch - Restaurant, Kantine: schätzt die Flexibilität, die Portionierbarkeit, die Frische ...

**Seite 10**

***Aufgabe 2***
**Azubi, 18 Jahre, eigener Haushalt, Single:** z. B. Pizza, Tiefkühlgerichte, Snacks
**Hausfrau, 35 Jahre, verheiratet, zwei Kinder:** z. B. Gemüse, Obst, Kartoffelerzeugnisse
**Rentner, 72 Jahre, verwitwet:** z. B. Tiefkühlgerichte, Gemüse
**Berufstätige Frau, 45 Jahre, Hobbyköchin:** z. B. Fisch, Wild, Fleisch, Kräuter

***Aufgabe 2*** (unten)
**Muster: Schaubildanalyse plus Zusatzaufgabe**
Immer mehr Menschen in Deutschland greifen zur Tiefkühlkost.

Das Schaubild „Heiß geliebte Tiefkühlkost“ stammt vom Globus-Grafikdienst. Es zeigt die ... *(siehe Mustertext zu Aufgabe 3 von Seite 9 des Arbeitsheftes)* ... Dann könnte man noch deutlicher sehen, welchen Stellenwert die Tiefkühlkost bei den Essgewohnheiten einnimmt.
Bei allem jedoch stellt sich die Frage, wie sich der steigende Verbrauch von Tiefkühlkost erklären lässt. Ein entscheidender Aspekt, der für den Kauf von Tiefkühlprodukten spricht, ist die Haltbarkeit der Produkte. Gemüse und Fleisch müssen, wenn sie frisch gekauft werden, relativ schnell verzehrt werden. Bei tiefgefrorenen Produkten lässt sich jedoch der Zeitpunkt des Verbrauchs flexibel bestimmen und zusätzlich bleiben Vitamine und Nährstoffe beinahe vollständig erhalten. Bei den „Fast-Food-Produkten“ verhält es sich allerdings etwas anders. Natürlich sind auch diese - richtig gelagert - lange haltbar. Hier gibt es andere Gründe für den Kauf und den Verzehr. Schnelles, einfaches und bequemes Erwärmen eines vollständigen Mittagessens sind natürlich sehr reizvoll, besonders für Singles, die einen eigenen Haushalt führen. Oder auch die Mutter von zwei kleinen Kindern und Ehefrau eines Schichtarbeiters greift sicherlich gerne zum Fertigmenü, ist sie zusätzlich noch berufstätig und sind die Kinder dank der Werbung in TV und Hörfunk ohnehin ganz verrückt nach Pizza und Ähnlichem. Dem Single fehlt eher die Motivation, ein ganzes Menü für nur eine Person zuzubereiten. Zu viel Arbeit, zu viel Zeitaufwand und eventuelles Scheitern durch fehlende Kochkenntnisse lassen ihn immer häufiger zur Tiefkühlkost greifen. Die Mutter hat wiederum keine Nerven, sich nach einem langen Arbeitstag eine oder auch zwei Stunden in die Küche zu stellen und ein ausgewogenes, gesundes und somit sehr zeitaufwändiges Gericht zu kochen. Da werden dann des Öfteren schnell zwei Pizzas für die Kinder in den Backofen geschoben, wenn diese aus der Schule kommen, und für den Mann wird abends wahlweise eine Reispfanne erhitzt oder tiefgefrorener Fisch gebraten. Dies bedeutet weniger Zeitaufwand, weniger Stress und dafür mehr Freizeit.
Zeit und Geld spielen entscheidende Rollen in unserem Leben. Übertragen auf die Tiefkühlkost heißt das: In minimaler Zeit lässt sich zu akzeptablen Kosten ein Essen servieren. Außerdem ist man unabhängig von der Jahreszeit; so kann man auch, wenn man möchte, einen leckeren Erdbeerkuchen im Winter auftauen. Die Möglichkeiten scheinen schier endlos: Spargel, wann immer man ihn mag, oder Kirschen in der Weihnachtszeit.
In der Gastronomie greift man bisweilen auch zu Tiefkühlprodukten. Manche Küchenchefs bevorzugen die länger haltbaren Tiefkühlprodukte, um den Verderb von Lebensmitteln und damit verbundene Mehrkosten zu vermeiden. Ein Schnitzel „bratfertig“ aus der Tiefkühlpackung lässt sich zudem sehr viel schneller zubereiten und den Kunden anbieten, als wenn man es erst mühevoll klopfen, würzen und panieren muss.
Abschließend bleibt zu sagen, dass es in der heutigen Zeit sehr schwer ist, ständig und kontinuierlich „frische Küche“ auf den Tisch zu bringen. Ausschlaggebend hierfür ist der beinahe schon chronische Zeitmangel, der sich in den letzten Jahren eingeschlichen hat. Auch sprechen die Einfachheit der Zubereitung von Tiefkühlkost und natürlich die sehr lange Haltbarkeit der Produkte für deren Verzehr.
Trotz alledem sollte man nicht auf frische Nahrungsmittel verzichten, einmal wegen der gesamten Vitamine und Nährstoffe, die der Körper so dringend braucht und die sicherlich nicht jedes tiefgekühlte Produkt abdecken kann, und zum anderen wegen des Geschmacks, der doch bei manchen Produkten nicht zu ersetzen ist. So wäre auch gewährleistet, dass die Kinder der Zukunft die Pizza nicht für ein Grundnahrungsmittel halten und wissen, wie ein Blumenkohl oder eine Karotte natürlicherweise aussehen, und dass sie nicht klein geschnippelt aus dem Boden kommen.

## Seite 12

### *Aufgabe 1*

| Positiv | Komparativ | Superlativ |
|---|---|---|
| hoch | höher | am höchsten |
| nass | nasser/ auch: nässer | am nassesten/auch: am nässesten |
| teuer | teurer | am teuersten |
| total | - | - |
| gut angezogen | besser angezogen | am besten angezogen |
| komfortabel | komfortabler | am komfortabelsten |
| enorm | - | - |
| halb | - | - |
| oft | öfter | am häufigsten |
| gern | lieber | am liebsten |
| viel | mehr | am meisten |
| altmodisch | altmodischer | am altmodischsten |
| entzückend | entzückender | am entzückendsten |
| weit | weiter | am weitesten |
| wenig | weniger/ auch: minder | am wenigsten/ auch: am mindesten |

***Aufgabe 2***

***a)*** Die Frische der Lebensmittel ist nicht der einzige Vorteil der Tiefkühlkost. Das sehen Hobbyköche nicht anders als Feinschmecker. Sie würzt zu scharf. Das ist das Einzige, was uns an ihrem Essen missfällt. Es ist einzig und allein deine Schuld, dass das Essen so spät auf den Tisch kommt. Warum bereitest du nicht auch einmal eines dieser Tiefkühlgerichte zu? Die sind ganz anders als das, was du uns sonst vorsetzt.

**Seite 13**

***b)*** Das Adverb „anders" wird nicht gesteigert. Beachten Sie auch die Rechtschreibung des Wortes. Das Adjektiv „anders" bildet keinen Komparativ und keinen Superlativ.

***Aufgabe 3***

***a)*** Betonung, Steigerung

***b)*** stockdunkel, federleicht - kinderleicht, wunderschön - bildschön, spottbillig

***Aufgabe 4***

Der Komparativ ist nicht nur als Steigerung zu verstehen, sondern manchmal auch als Feststellung. (Eine ältere Frau ist jünger als eine alte.)

Der Komparativ kann auch anzeigen, dass sich eine Erwartung oder Planung nicht erfüllt hat. (Größere Summe als eventuell geplant. Das Kochen dauerte länger als vielleicht vorgesehen.)

***Aufgabe 5***

In den letzten Jahren war der Pro-Kopf-Verbrauch von Tiefkühlkost nicht so hoch wie heute. Das ist nicht anders als vermutet. Wenn man sich die Zahlen genau anschaut, liegen Backwaren mit fast 20 % an der Spitze. Das ist weit mehr als gedacht. Fische, Krusten- und Weichtiere haben einen Anteil von 9,6 % am Tiefkühlsortiment des Jahres 2007. Das sind 4,9 % weniger, als der Anteil von Fleisch, Wild und Geflügel ausmacht. Einen Platz im Mittelfeld nehmen Tiefkühlgerichte mit 13 % ein. Das ist genauso viel wie der Anteil von Kartoffelerzeugnissen.

## Kapitel 2 · Stellungnahme ohne Textgrundlage

**Seite 15**

***Aufgabe 2*** (Zum Beispiel:)

**Unternehmer/in:** „Für uns steht fest, dass ein Betrieb von seinen Mitarbeiterinnen und Mitarbeitern lebt. Betriebliches Gesundheitsmanagement ist Qualitätsmanagement, denn der Krankenstand minimiert sich und die Produktivität erhöht sich."

**Auszubildende, die unter Stress leidet:** „Ich bin der Meinung, dass es niemanden etwas angeht, dass ich unter Stress leide. Das ist meine Privatsache. Wenn ich jetzt einen Kurs über Stressabbau belege, denkt die Geschäftsleitung vielleicht noch, dass ich nicht belastbar bin."

**Arzt/Ärztin:** „Für mich ist ganz klar zu sehen, dass immer mehr Menschen an den Folgen mangelnder Bewegung oder ungesunder Lebensweise leiden. Informationen darüber, wie man dies ändern kann, gekoppelt mit einer breiten Palette an Gesundheitsangeboten, können viel bewirken."

**Mitglied des örtlichen Sportvereins:** „Zum Sport gehört auch der Mannschaftsgeist. Den habe ich im Verein und nicht im Betrieb."

**Vertreter/in einer Krankenkasse:** „Wir stehen auf dem Standpunkt, dass Maßnahmen zur Gesunderhaltung unbedingt nötig sind. Das steht sogar so im Sozialgesetzbuch. Zunächst kosten sie Geld, aber auf lange Sicht profitieren alle davon."

**Mitglied eines Fitnessstudios:** „Nur hier im Studio kann man wirklich effektiv trainieren. Hier gibt es spezielle Geräte, an denen jeweils andere Muskeln aufgebaut und trainiert werden. Sport, vom Betrieb aus organisiert, ist nur ein Tropfen auf den heißen Stein."

**Mitarbeiter, der schon lange im Betrieb ist und starkes Übergewicht hat:** „Gut, dass es so etwas gibt. In der Gruppe geht das Abnehmen bestimmt besser. Und wenn wir uns dann noch täglich im Betrieb über den Weg laufen, können wir uns gegenseitig motivieren. Vielleicht schaffe ich es endlich abzunehmen."

**Seite 16**

***Aufgabe 4***

Zum Beispiel:

Betriebliches Gesundheitsmanagement ist von großer Bedeutung,

| Argument | Entfalten des Arguments |
|---|---|
| weil es die Beziehung zu Kollegen und Vorgesetzten verbessert. | Viele Probleme ergeben sich nämlich vor allem dadurch, dass nicht mehr miteinander geredet wird. Wenn man auch einen Teil seiner Freizeit miteinander verbringt, geht man anders miteinander um. |
| weil gesunde und zufriedene Mitarbeiter weniger häufig den Betrieb wechseln. | Diesen Zusammenhang hat auch die Arbeitsforschung schon oft nachgewiesen. Zusätzlich kann das jeder im Bekanntenkreis und am eigenen Arbeitsplatz beobachten. |

| | |
|---|---|
| weil die Gemeinschaft der Versicherten längerfristig gesehen davon profitiert. | So wird jetzt zwar Geld in Gesundheitskurse gesteckt, aber längerfristig spart man Geld. Dies ist angesichts einer immer älter werdenden Bevölkerung nicht zu unterschätzen. |
| denn viele bewegen sich zu wenig. | Wenn man zum Beispiel Statistiken der letzten Jahre anschaut, kann man feststellen, dass die Menschen immer mehr unter den Folgen von Bewegungsmangel leiden. |
| weil es versucht, die Belastungen für die Beschäftigten zu minimieren. | Viele Krankheiten sind nämlich durch ungesunde Arbeitsbedingungen verursacht. |

## Seite 17

***Aufgabe 6***

Zum Beispiel:

| Argument | Entfalten des Arguments |
|---|---|
| Maßnahmen für die Gesundheit können nicht angeordnet werden. | Jeder muss nämlich selbst wissen und entscheiden, ob er etwas für sich und sein Wohlergehen tun möchte. |
| Die Unternehmen sollten kein Geld für Diätkurse oder Antiraucher-Trainings ausgeben. | Zum Beispiel wäre es sinnvoller, wenn mit dem Geld etwa neue Hard- oder Software angeschafft würde. |
| Gesundheits-management umfasst oft nur einmalige Maßnahmen. | Häufig stehen nur kurzfristige Ziele im Mittelpunkt. Deshalb ist es vergeudetes Geld, denn von einer einmaligen Ernährungsberatung hat noch keiner seine überflüssigen Kilos verloren. |

***Aufgabe 7***

***a)*** wenig überzeugend
Begründung: Gerade beim Sport sollte es keine Rolle spielen, wer welche Kleidung trägt. Hauptsache, die Sportkleidung ist funktional und engt nicht ein.
***b)*** sehr überzeugend
Begründung: Gemeinsame Aktivitäten schaffen Gelegenheit, miteinander zu reden. So kann auch mal nebenbei in lockerer Atmosphäre ein berufliches Problem angesprochen und vielleicht sogar geklärt werden.
***c)*** wenig überzeugend
Begründung: Natürlich ist Gesundheit Privatsache, dennoch sollten Arbeitgeber in Gesundheitsförderung investieren, denn jeder Beschäftigte profitiert davon, wenn sein Arbeitsplatz beispielsweise auf mögliche Gesundheitsrisiken überprüft wurde oder das Gemüse in der Kantine knackig und nicht mehr matschig auf den Teller kommt.

## Seite 19

***Aufgabe 2***

***a)*** 1. These: Gesundheitsmanagement im Betrieb zahlt sich für die Beschäftigten und das Unternehmen aus.
2. These: Der Koordinator für das Gesundheitsmanagement ist eine wichtige Person im Unternehmen.
***b)*** Betriebliches Gesundheitsmanagement ist für Unternehmen und Belegschaft gleichermaßen interessant. Die Arbeitnehmer fühlen sich gesund und zufrieden und dadurch steigt auch die Leistungsfähigkeit. *(Argument, rot)* Dies belegen Umfragen in vielen Betrieben. *(Entfaltung, grün)* Folglich ist es sinnvoll, dass viele Betriebe ein Gesundheitsmanagement installieren und daran arbeiten, die Angebotspalette zu vergrößern. *(Folgerung, blau)*

Der Koordinator für das Gesundheitsmanagement im Betrieb spielt eine wichtige Rolle, weil er zum einen der Ansprechpartner für alle Beteiligten ist. *(Argument, rot)* Zum anderen initiiert und organisiert er die Maßnahmen. So führt er zum Beispiel Mitarbeiterbefragungen durch und wertet sie aus. *(Entfaltung, grün)* Deshalb ist es wichtig, die Besetzung dieses Amtes mit der größtmöglichen Sensibilität vorzunehmen. *(Folgerung, blau)*

## Seite 20

***Aufgabe 2***

***a)*** Beim Sport komme ich mir vor wie ein sterbender Schwan. – Vergleich
Nur zwei Stunden Sport in der Woche sind ein Tropfen auf den heißen Stein. – Metapher
***b)*** Beim Sportunterricht kann man sich sämtliche Knochen brechen. – Übertreibung (Hyperbel)
***c)*** Glaubst du wirklich ernsthaft, dass es Sinn macht, über ein Gesundheitsmanagement nachzudenken, wenn keiner bereit ist, es ernsthaft umzusetzen?

***Aufgabe 3***

**Muster**
Betriebliches Gesundheitsmanagement
Die Arbeitswelt verändert sich ständig. Die Anforderungen steigen und gehen nicht spurlos an den Beteiligten vorüber. Die Veränderungen sind oft mit erhöhtem Stress und nicht selten mit gesundheitlichen Beeinträchtigungen verbunden. Gesunde und moti-

vierte Mitarbeiterinnen und Mitarbeiter sind das A und O eines Unternehmens. Keine Frage, dass sich immer mehr Betriebe für deren Gesundheit interessieren und Großbetriebe sogar Maßnahmen zur Gesundheitsförderung anbieten.
So überprüfen externe Berater die einzelnen Arbeitsplätze, um festzustellen, ob gesundheitsschädigende Bedingungen vorherrschen. Dazu zählen ganz konkrete Dinge wie etwa permanente Zugluft in einer Lagerhalle, aber auch Stressfaktoren wie unklare Aufgabenzuteilung. Die Mitarbeiter werden befragt, um alle schädlichen Faktoren am Arbeitsplatz herausfinden und dagegen angehen zu können. Darüber hinaus erhalten Mitarbeiter verschiedene Angebote zur Förderung der individuellen Gesundheit wie Entspannungskurse, Wirbelsäulengymnastik oder ausgewogenes, gesundes Kantinenessen.

**Seite 21**

***Aufgabe 4***

Ich halte es für äußerst sinnvoll, dass Betriebe ihren Mitarbeitern ein solches Gesundheitsmanagement anbieten.

***Aufgabe 5***

Muster:
Betriebliches Gesundheitsmanagement
Die Arbeitswelt verändert sich ständig. ... *(siehe Mustertext zu Aufgabe 3 von Seite 20 des Arbeitsheftes)* ... gesundes Kantinenessen.

Ich halte es für äußerst sinnvoll, dass Betriebe ihren Mitarbeitern ein solches Gesundheitsmanagement anbieten. Sicherlich kann man erst einmal festhalten, dass die Unternehmer dies nicht aus reiner Nächstenliebe tun. Bei gesunden Mitarbeitern fallen weniger Kosten an als bei denen, die krankheitsbedingt ihrer Arbeit nicht nachkommen können. Ebenso gilt, dass gesündere und zufriedenere Mitarbeiter leistungsfähiger sind und auch qualitativ besser arbeiten. Nicht unproblematisch ist dabei allerdings der Aspekt, dass sich ein Arbeitgeber mithilfe des Gesundheitsmanagements auch ein Bild der individuellen gesundheitlichen Probleme eines jeden Mitarbeiters machen könnte. Hier müssen alle Gesundheitsdaten, die eventuell erfasst wurden, unbedingt vertraulich behandelt werden und dürfen nur anonymisiert dem Arbeitgeber vorgelegt werden.
Andererseits hat jeder Mensch Interesse an seiner Gesundheit oder sollte es zumindest haben. Wer würde etwas gegen einen auf Gesundheitsgefahren überprüften Arbeitsplatz einwenden? Oder wer kann denn ernsthaft etwas dagegen haben, sein Gewicht zu reduzieren oder Stress abzubauen? Viele Übergewichtige zum Beispiel setzen sich nur schwer mit möglichen Lösungen oder Wegen auseinander, Gewicht zu verlieren. Wenn Lösungen für dieses Problem jedoch am Arbeitsplatz sozusagen direkt vor der Nase angeboten werden und man gemeinsam mit Kollegen versucht, überflüssige Pfunde loszuwerden, kann dies der gegenseitigen Motivation und dem Erfolg nur förderlich sein.
Wie sind nun betriebliche Sportangebote einzuschätzen? Dass Sport glücklich und zufrieden macht, ist unbestritten. Dies ist nicht zuletzt deshalb der Fall, weil der Neurotransmitter Serotonin erzeugt wird. Viele Studien belegen zum Beispiel, dass Menschen mit Depressionen durch ihr Sporttraining und das damit verbundene Mehraufkommen von Serotonin eine bessere Lebensqualität erreichen. Wenn man Statistiken der letzten Jahre anschaut, kann man feststellen, dass die Menschen immer mehr unter den Folgen von Bewegungsmangel leiden. Auch das spricht für Sport und wenn dieser vom Unternehmen angeboten wird, ist dies umso besser.
Eventuell bietet der Betrieb sogar ein Präventionsprogramm an, das einige Beschäftige privat wahrscheinlich gar nicht in Anspruch nehmen würden oder auf Grund von eventuellen (Mehr-)Kosten gar nicht wahrnehmen könnten. Informationsveranstaltungen über eine gesündere Lebensführung, gekoppelt mit einer breiten Angebotspalette an Gesundheitskursen, stoßen sicherlich bei vielen Arbeitnehmerinnen und Arbeitnehmern auf Interesse.
Man sollte auch nicht vergessen, dass sich durch das betriebliche Gesundheitsmanagement Möglichkeiten für ein besseres Betriebsklima und eine stärkere innerbetriebliche Kommunikation bieten. Angenehmere Arbeitsbedingungen und Wertschätzung stärken das Wohlbefinden der Mitarbeiter und der Gemeinschaft. Folglich werden Arbeitszufriedenheit und Motivation verbessert, was sich auch im privaten Bereich niederschlägt. Ein Arbeitnehmer, der nicht frustriert nach Hause kommt, hat Lust und Energie, etwas für sich und seine Familie zu tun. Daraus zieht er wieder Kraft für seinen Arbeitsalltag. Ein Kreislauf entsteht, dessen positive Ausstrahlung nicht zu unterschätzen ist.

Alles in allem ist das betriebliche Gesundheitsmanagement eine sinnvolle Einrichtung, die alle Beteiligten nutzen sollten. Dass die einzelnen Gesundheitsprogramme auf den jeweiligen Betrieb und die Branche angepasst werden müssen, steht außer Frage.

**Seite 22**

***Aufgabe 1*** und ***2***
***1)*** abgehackt, monoton, nüchtern
***2)*** einfacher Satz

***Aufgabe 3***
***a)*** Hauptsatz: sind, Nebensatz: gesenkt hat
Das gebeugte Verb steht im Nebensatz am Satzende.
***b)*** Die Ausgaben der Krankenkassen klettern in die Höhe, weil die Anzahl der Behandlungen und deren Kosten gestiegen sind.

**Seite 23**

***Aufgabe 4***
***a)*** *Die Ausgaben der Krankenkassen klettern in die Höhe, denn die Anzahl der Behandlungen und deren Kosten sind gestiegen.*
Da zwei Hauptsätze vorliegen, steht das gebeugte Verb an der zweiten Stelle des jeweiligen Teilsatzes.
***b)*** *Einzelmaßnahmen zur Gesundheitsförderung bringen nicht allzu viel, darum muss ein ganzheitliches Gesundheitsmanagement angestrebt werden.*

***Aufgabe 5***
Die Arbeitsbedingungen sind nicht einfach, denn der größte Konkurrent hat die Preise gesenkt, sodass viele Kunden schon (zu ihm) gewechselt haben. Die Belegschaft muss mehr arbeiten als bisher, sodass der Arbeitsdruck zugenommen hat. Kollegen leiden unter Stress-Symptomen, weil die Angst um den Arbeitsplatz bei allen sehr groß ist. Viele kommen auch krank zur Arbeit, denn sie kurieren sich nicht aus. Keiner will negativ auffallen.

***Aufgabe 6*** und ***7a***
***6)*** Der Text wirkt lebendiger.
***7a)*** Es gibt viele Nebensätze, die aneinandergereiht sind, den Lesefluss hemmen und das Textverständnis erschweren.

**Seite 24**

***b)*** Schon oft waren Jugendliche aufgerufen worden, dass sie Sport machen sollten. Dies galt vor allem dann, wenn sie ohnehin zu Übergewicht neigten und über Rückenschmerzen klagten. Diese Schmerzen wurden stärker, wenn die Jugendlichen sehr lange vor dem Fernseher oder dem Computer saßen. Infolgedessen mussten sie ständig den Arzt aufsuchen.

***Aufgabe 8***
***a)*** und ***b)***

Mein Freund, der mit mir die Berufsschule besucht, hat es auch schon gelesen.
Meine Arbeitskollegin hat heute schicke Sportschuhe an, die sie gestern gekauft hat.

# Kapitel 3 · Visualisierung

**Seite 27**

***Aufgabe 1***
In den Ländern der EU wird unterschiedlich lange gearbeitet.

***Aufgabe 2***
**voreilige Schlüsse:** Schlussfolgerungen, die zu früh, zu schnell getroffen wurden
**die Aussagekraft relativieren:** den Wert der Aussage abschwächen, mindern
**spezifische Regeln:** Regeln, die für etwas Eigenes, Spezielles gelten
**fortbestehendes Gefälle:** weiterhin vorhandener Unterschied

**Seite 28**

***Aufgabe 3***
**tatsächliche** (Z. 11)

***Aufgabe 4***
***a)*** und ***b)***

| Alte EU-Länder | Neue EU-Länder |
|---|---|
| Dänemark | Bulgarien |
| Deutschland | Estland |
| Frankreich | Rumänien |
| Großbritannien | Slowakei |
| Österreich | Zypern |
| Schweden | |

***c)***

| | |
|---|---|
| Belgien | Lettland |
| Finnland | Litauen |
| Griechenland | Malta |
| Italien | Polen |
| Irland | Slowenien |
| Luxemburg | Tschechien |
| Niederlande | Ungarn |
| Portugal | |
| Spanien | |

15 „alte“ EU-Länder plus 12 EU-Länder, die zwischen 2004 und 2007 als Mitglieder dazukamen.

***Aufgabe 5***

***a)*** tariflich (Z. 18 und Z. 33), tarifvertraglich (Z. 30 f.), Tarifbindung (Z. 28)

Tarifvertragliche Regelungen sind durch Vertrag festgelegte Abmachungen rund um das Arbeitsverhältnis.

***b)*** Z. B. Tarifpartner, Tarifrunde, Spartarif

**Seite 29**

***Aufgabe 6***

die tariflich vereinbarten Arbeitszeiten

***Aufgabe 7***

***b)*** und ***c)*** Zum Beispiel:

| | |
|---|---|
| Wer hat einen Vergleich angestellt? | die Europäische Beobachtungsstelle für Entwicklung der Arbeitsbeziehungen (Eiro) |
| Auf welche Länder bezieht sich die Studie? | auf die Länder der EU (27) |
| Welcher Zeitraum wurde untersucht? | 2007 (viertes Quartal) |
| Was wurde verglichen? | die Arbeitszeit |
| Was wurde festgestellt? | Beispielsweise:<br>Wöchentliche Arbeitszeit: EU-Durchschnitt: 40 Stunden<br>Jährliche Arbeitszeit: EU-Durchschnitt: 1.743 Stunden<br>Deutschlands Position im Vergleich zu den anderen Ländern<br>Unterschiedliche Tarifbindung und -regelung, unterschiedliche Urlaubsregelung |
| Welche grundlegenden Unterschiede gibt es? | Gefälle zwischen alten und neuen EU-Staaten |
| Wie zuverlässig sind die Ergebnisse dieser Studie? | Die EU-Beobachtungsstelle warnt in ihrem Bericht vor voreiligen Schlüssen.<br>Ein zuverlässiger Vergleich von Arbeitszeiten werde auf Grund von unterschiedlichen Berechnungsarten in den EU-Ländern erschwert. |

***Test***

a) ja

b) nein

c) ja

d) nein

e) ja

f) keine Aussage möglich

g) nein

h) ja

i) nein

j) keine Aussage möglich

k) ja

l) ja

**Seite 30**

***Aufgabe 1*** und ***2***

***1)*** Größenverhältnisse im Vergleich

***2)*** Säulen- oder Balkendiagramm

***Aufgabe 3***

***a)*** Wöchentliche Arbeitszeit, zum Beispiel:

Bulgarien: 41,7 Stunden

Deutschland an sechster Stelle mit: 41,1 Stunden

EU-Durchschnittswert: 40 Stunden

***b)*** Zum Beispiel: Slowaken: 39,9 Stunden

Deutsche und Österreicher: jeweils 41,1 Stunden

**Seite 31**

***c)***

Wochenarbeitszeit in der EU-Durchschnittswerte in Stunden

| | |
|---|---|
| Bulgarien | 41,7 |
| Rumänien | 41,7 |
| Großbritannien | 41,4 |
| Deutschland | 41,1 |
| Österreich | 41,1 |
| EU-Durchschnitt | 40,0 |
| Slowakei | 39,9 |
| Zypern | 39,1 |
| Frankreich | 37,7 |

***Aufgabe 4***

Jahresarbeitszeit in der EU-Durchschnittswerte in Stunden

| | |
|---|---|
| Estland | 1.856 |
| Rumänien | 1.856 |
| EU-Durchschnitt | 1.743 |
| Deutschland | 1.651 |
| Dänemark | 1.635 |
| Schweden | 1.620 |
| Frankreich | 1.568 |

### *Aufgabe 5*

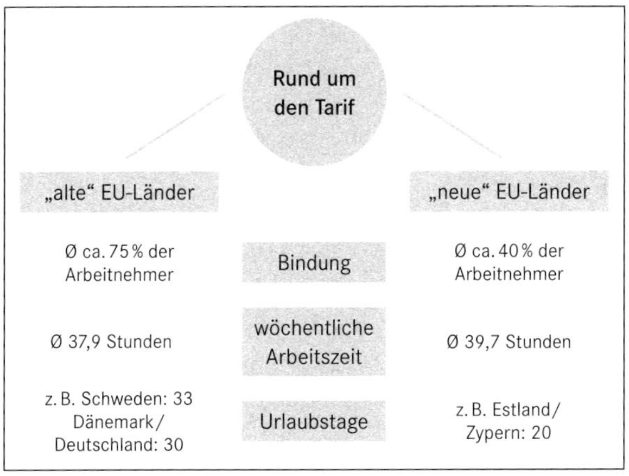


## Seite 32

### *Aufgabe 1*

***a)*** Arbeitszeit in den EU-Ländern

***b)*** informative

***c)*** Arbeitszeit in der EU. Unterschiede zwischen alten und neuen EU-Ländern

***d)*** Eiro-Studie

***e)*** absolute Zahlen

### *Aufgabe 2*

Zum Beispiel:

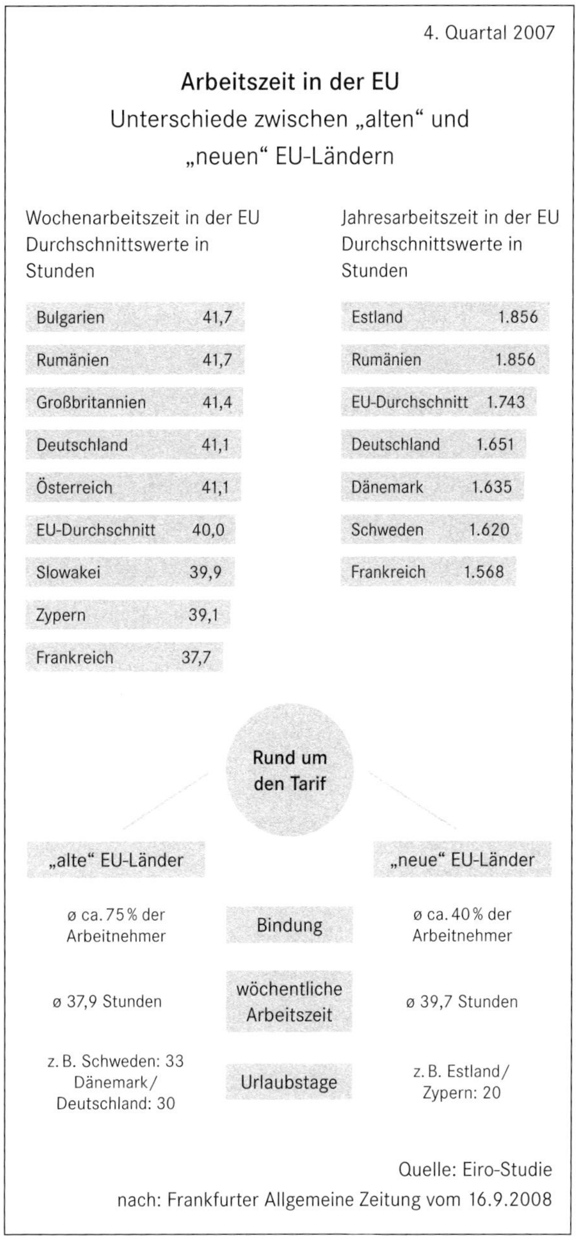


## Seite 33

### *Aufgabe 1*

In den EU-Ländern gibt es unterschiedliche tarifliche Bindungen. In Schweden, Dänemark und Deutschland fällt die Urlaubsregelung für Arbeitnehmerinnen und Arbeitnehmer am günstigsten aus.

### *Aufgabe 2*

Angaben für alle EU-Länder; Vergleich mit Staaten, die nicht der EU angehören; Vergleich mit früheren Jahren.

### *Aufgabe 3*

Die beiden Aussagen stehen für unterschiedliche Lebensansichten. Einmal steht die Arbeit im Vordergrund („Leben, um zu arbeiten“). Bei der zweiten Aussage („Arbeiten, um zu leben.“) wird Arbeit als Mittel gesehen, um das Leben bestreiten zu können.

***Aufgabe 4***

Zum Beispiel:

| positiv | negativ |
|---|---|
| abwechslungsreiche Arbeit | stupide Arbeit |
| sicherer Arbeitsplatz | befristeter Vertrag |
| gute Bezahlung | schlechte Bezahlung |
| Aufstiegsmöglichkeiten | kein Aufstieg möglich |
| demokratischer Führungsstil | autoritärer Chef |
| gute Urlaubsregelung | wenig Urlaub |
| flexible Arbeitszeit | starre Arbeitszeitregelung |
| Tarifbindung | keine tarifliche Regelung |
| Anerkennung | keine Anerkennung |
| gutes Betriebsklima | schlechtes Betriebsklima |
| sinnvolle Arbeit | keine Identität mit der Arbeit, dem Produkt |
| Gesundheitsschutz | Risiken für die Gesundheit |

***Aufgabe 5***

Muster:

Erläutern Sie, was Sie unter guten Lebens- und Arbeitsbedingungen verstehen.

Die Stiftung Eurofound untersucht Arbeits- und Lebensbedingungen in Europa und tritt für deren Verbesserung ein. So hat sie ihre Beobachtungsstelle EIRO gebeten, die Arbeitszeiten in den einzelnen EU-Ländern zu vergleichen. Es zeigt sich, dass hier große Unterschiede bestehen.
Nun wirkt sich der Umfang der Arbeits- und Urlaubszeiten direkt auf die Qualität unserer Lebensbedingungen. Gute Arbeitszeiten sind elementare Faktoren für die Gestaltung unseres Lebens. Beispielsweise ist von zentraler Bedeutung, inwieweit die Arbeitnehmerinnen und Arbeitnehmer zeitliche Freiräume haben und diese neben ihrer Arbeit nutzen können. Wer etwa Gleitzeit hat, also Arbeitsbeginn und -ende in einem festgelegten Rahmen selbst bestimmen kann, hat die Möglichkeit, seinen Tag flexibler zu gestalten. Er kann anderen Verpflichtungen oder Interessen nachgehen. Die Kinder können in Ruhe in den Kindergarten oder zur Tagesmutter gebracht werden, man selbst kann noch stressfrei einen wichtigen Termin wahrnehmen oder Hobbys pflegen. Dieses eigenverantwortliche Gestalten der Arbeitszeit – wenn auch nur in einem eingeschränkten Rahmen – trägt wesentlich dazu bei, dass die eigenen Arbeits- und damit die Lebensbedingungen als positiv empfunden werden.
Allerdings sollte man neben der Arbeitszeit und ihrer Gestaltung viele andere Aspekte nicht aus dem Blick verlieren, die ebenfalls zu guten Lebens- und Arbeitsbedingungen zählen. Die Lohnhöhe und die damit verbundene Kaufkraft sind ebenfalls von großer Bedeutung. Wenn die Bezahlung gering ist und nicht ausreicht, um einen gewissen Standard zu ermöglichen, kann die Lebensqualität leiden. Meiner Meinung nach sollte jeder zumindest so viel verdienen, dass eine Familie gut davon leben und sich auch etwas gönnen kann.
Wichtig erscheint mir auch, dass ein gutes Betriebsklima am Arbeitsplatz herrscht. Es erleichtert den Arbeitsalltag ungemein, wenn Kollegialität die Atmosphäre bestimmt. Wer morgens schon mit dem Gefühl aufwacht, dass am Arbeitsplatz Kollegen warten, die gerne Missgunst und Zwietracht säen, der beginnt den Tag mit getrübter Stimmung. Die negativen Auswirkungen auf das Privatleben sind absehbar.
Das Verhältnis zum Arbeitgeber ist ebenfalls nicht zu unterschätzen. Man sollte „einen guten Draht“ zu Vorgesetzten beziehungsweise dem Arbeitgeber haben und respektvoll miteinander umgehen. Wertschätzung sollte im Umgang miteinander kein Fremdwort sein. Eine Geschäftsführung, die kompetent ist und sich für die Mitarbeiter engagiert, trägt wesentlich zur Bereicherung eines positiven Arbeitslebens bei.
Vor allem erscheint es mir jedoch sehr wichtig, dass die berufliche Zukunft gesichert ist. In Zeiten, in denen man um seinen Arbeitsplatz bangen muss, bedeutet das Wissen um die Sicherheit des Arbeitsplatzes ungemein viel. Wenn man sich in dieser Hinsicht wenig oder keine Sorgen machen muss, kann man sein Leben auch anders gestalten. Man muss nicht bei jedem Kauf überlegen, ob man sich das Gewünschte leisten kann oder darf. Wer hier jederzeit entspannt entscheiden kann, wird seine Lebensbedingungen sicherlich als gut ansehen.
Letztendlich muss man auch einfach schauen, ein gutes Gleichgewicht zwischen Arbeits- und Privatleben zu finden, denn jeder Mensch braucht neben guten Arbeitsbedingungen auch ein ausgeglichenes Privatleben. Dazu zählen vor allem auch ein Freundeskreis, auf den man sich verlassen kann, oder ein Hobby, das einem Spaß macht. Denn meines Erachtens leben wir nicht, um zu arbeiten, sondern wir arbeiten, um gut leben zu können.

## Seite 35

***Aufgabe 1***

***a)*** Die EU-Beobachtungsstelle [...], dass es von Land zu Land große Unterschiede in der Berechnung der tatsächlichen Arbeitszeit gebe.

Konjunktiv 1

***b)*** , dass es von Land zu Land große Unterschiede in der Berechnung der tatsächlichen Arbeitszeit gibt.

***Aufgabe 2***

Die EU-Beobachtungsstelle warnt: „Ein zuverlässiger Vergleich wird dadurch erschwert, dass es von Land zu Land große Unterschiede in der Berechnung der tatsächlichen Arbeitszeit gibt."

***Aufgabe 3***

Zum Beispiel:

So sei in vielen Ländern die jährliche Arbeitszeit für die Berechnung maßgeblich; schwierig werde der Vergleich auch, wenn Urlaubszeiten, Überstunden sowie Teilzeitbeschäftigungsverhältnisse mitberücksichtigt werden, bemerken die Verfasser der Eiro-Studie, ...

„So ist in vielen Ländern die jährliche Arbeitszeit für die Berechnung maßgeblich; schwierig wird der Vergleich auch, wenn Urlaubszeiten, Überstunden sowie Teilzeitbeschäftigungsverhältnisse mitberücksichtigt werden", bemerken die Verfasser der Eiro-Studie, ...

## Seite 36

***Aufgabe 4***

***a)*** Die Forscher meinen: „Wir müssen die Ergebnisse der aktuellen Studie mit den Ergebnissen des Vorjahres vergleichen."

Sie antworten: „Die Studie zeigt ein vollkommen anderes Bild."

Der Abgeordnete meint: „Die vorliegende EU-Studie ist sehr aussagekräftig."

Die Arbeitnehmer aus Estland sagen enttäuscht: „Uns bleiben im Durchschnitt 20 Tage Urlaub im Jahr."

***b)*** Die Forscher meinen, sie müssten die Ergebnisse der aktuellen Studie mit den Ergebnissen des Vorjahres vergleichen.

Sie antworten, die Studie zeige ein vollkommen anderes Bild.

Der Abgeordnete erklärt, die vorliegende EU-Studie sei sehr aussagekräftig.

Die Arbeitnehmer aus Estland sagen enttäuscht, ihnen blieben im Durchschnitt 20 Tage Urlaub im Jahr.

## Seite 37

***Aufgabe 5***

| | Konjunktiv I | Konjunktiv II |
|---|---|---|
| brauchen | brauche | brauchte |
| wissen | wisse | wüsste |
| gehen | gehe | ginge |
| kommen | komme | käme |
| geben | gebe | gäbe |
| dürfen | dürfe | dürfte |
| werden | werde | würde |
| haben | habe | hätte |

# Kapitel 4 · Inhaltsangabe

## Seite 38

***Aufgabe 1***

Man erwartet einen Brief, der sehr Persönliches beinhaltet.

## Seite 40

***Aufgabe 2***

In dem Text „Liebe Mom, lieber Dad" von Irene Dische geht es um einen Brief, in welchem Sarah ihren Eltern auf ungewöhnliche Weise klarmacht, dass sie schwanger ist und ihren Freund geheiratet hat, den die Eltern ablehnen.

***Test***

| | ja | nein |
|---|---|---|
| Sarah ... | | |
| lebt nicht bei ihren Eltern. | x | |
| hatte eine Auseinandersetzung mit ihren Eltern. | x | |
| hat ihr Ungeborenes bei einem Unfall verloren. | | x |
| Sarah ist im ... Monat schwanger | | |
| fünften | x | |
| dreizehnten | | x |
| neunten | | x |
| Jackie ist ... | | |
| Sarahs Schwester. | | x |
| ein Einzelkind. | x | |
| Ralphs Frau. | | x |
| Bei einem Unfall ums Leben gekommen. | | x |
| Ralph ... | | |
| hat einen Bauernhof. | x | |
| ist Jackies Mann. | | x |
| wird bald Vater. | x | |
| ist um einiges älter als Sarah. | x | |

| Ralph fuhr – so Sarahs Aussage – nach Maine wegen ... | | |
|---|---|---|
| seiner Ausstellung. | | x |
| seiner ersten Frau. | | x |
| seiner Tiere. | x | |
| **Sarahs Eltern ...** | | |
| wollen, dass ihre Tochter einen erfolgreichen Mann heiratet. | x | |
| leben in Maine. | | x |
| werden bald Großeltern. | x | |

**Seite 41**

***Aufgabe 2***

Der siebenjährige Junge hat – laut Sarahs Bericht – seine Geschwister und Eltern verloren, ihm jedoch ist körperlich nichts zugestoßen, was ihn von diesem furchtbaren Verlust ablenken könnte. Das Unglück kann ihm voll und ganz bewusst werden.

***Aufgabe 3***

Mit dieser Redensart ist gemeint, einen Sachverhalt aus einer besonderen Perspektive und eventuell mithilfe von zusätzlichen Hintergrundinformationen deuten zu können.

***Aufgabe 1***

In die Einleitung meiner Inhaltsangabe schreibe ich Angaben zum Titel, zur Autorin/zum Autor und zum Thema. Im Hauptteil wird über Verlauf und Ergebnis der Handlung, die Figuren und deren Motive knapp informiert. Die Zeitform der Inhaltsangabe ist das Präsens. Wörtliche Rede aus dem Text wird indirekt, im Konjunktiv wiedergegeben.

**Seite 42**

***Aufgabe 2***

***b)*** und ***c)*** Nach dem Streit mit ihren Eltern setzt sich Sarah in den Wagen und fährt in rasendem Tempo los. Ihre Freundin Jackie, die mit ihr zusammen im Auto sitzt, möchte sie zur Vernunft bringen, aber Sarah hört nicht auf sie. Das führt dazu, dass Sarah von der Spur abkommt, die Mittelplanke durchbricht und in den Wagen einer indischen Familie hineinrast. Jackie überlebt diesen Unfall nicht.

***Aufgabe 3***

Muster:

Irene Disches Text „Liebe Mom, lieber Dad“, den sie 1989 im Buch „Fromme Lügen. Sieben Geschichten“ veröffentlicht hat, handelt von einer jungen Frau namens Sarah, die einen Brief an ihre Eltern schreibt. Darin macht sie auf ungewöhnliche Art deutlich, dass sie schwanger ist und gerade ihren Freund geheiratet hat, den die Eltern nicht besonders mögen.
Zunächst schildert sie ausführlich, dass sie nach dem letzten Besuch bei ihnen einen schrecklichen Unfall gehabt habe. Mehrere Menschen seien dabei gestorben, nur ein kleiner Junge und sie hätten überlebt. Sie gibt sich und indirekt auch ihren Eltern die Schuld an dem Unfall, da es einen Streit wegen ihres Freundes, den die Eltern nicht akzeptieren, gegeben hat. Wütend habe sie sich danach ins Auto gesetzt und sei viel zu schnell gefahren. So sei es zu dem Unfall gekommen. Sie selbst habe innere und äußere Verletzungen davongetragen.
All das aber erweist sich als eine Lüge, wie sich am Ende des Briefes herausstellt. Es hat keinen Unfall und keine Toten gegeben. Sarah hat diese „Einleitung“ lediglich geschrieben, um ihren Eltern klarzumachen, dass sie ihren Freund Ralph geheiratet hat und schwanger ist. Die Eltern sollen dadurch Verständnis für sie aufbringen.

**Seite 43**

***Aufgabe 2***

**Sarah:** Sie ist eine junge Frau, die mit einem Mann zusammenlebt, den sie vor Kurzem geheiratet hat und der wesentlich älter ist als sie selbst (Z. 6). Außerdem ist sie im fünften Monat schwanger (Z. 49). Diese freudige Nachricht will sie ihren Eltern bei einem Besuch überbringen. Allerdings geraten sie, noch bevor es zu dieser Mitteilung kommen kann, in einen Streit über Sarahs Freund Ralph. Sarah wird wütend und verlässt das elterliche Haus (Z. 7). Weil sie ihre Eltern dazu bewegen möchte, Verständnis für ihre Situation aufzubringen, schreibt sie einen erlogenen, schockierenden Brief. Sie nimmt in Kauf, damit ihre Eltern in Angst und Schrecken zu versetzen und extreme Schuldgefühle bei ihnen auszulösen (Z. 50). Damit stellt sie nicht nur ein großes Selbstbewusstsein unter Beweis, sondern schlägt über die Stränge. Eine andere, behutsamere Konfliktlösung wäre sicher denkbar gewesen.
**Ralph:** Er ist der Ehemann von Sarah und Vater ihres Kindes. Da er wesentlich älter ist als sie und von Beruf Künstler, hat er bei Sarahs Eltern keinen guten Stand (Z. 5). Allerdings trägt er auch nichts dazu bei, sich mit den Eltern auszusöhnen und zu verständigen. Er hat Sarah nicht überzeugen können oder wollen, nochmals auf ihre Eltern zuzugehen, um wieder ein gutes Verhältnis herzustellen.
**Sarahs Eltern:** Einerseits möchten sie für die Zukunft ihrer Tochter das Beste, andererseits akzeptieren sie nicht, dass Sarah alt genug ist, um ihre eigenen Ent-

scheidungen zu treffen (Z. 50). Über den Freund ihrer Tochter ziehen sie her, ohne ihn wirklich zu kennen (Z. 48). Ihre Vorstellungen sind von Vorurteilen geprägt.

**Jackie:** Sie ist Sarahs „beste Freundin“ (Z. 9) und merkt sofort, dass mit Sarah etwas nicht stimmt, als sie das Haus der Eltern verlassen hat. Deshalb bietet sie ihr an, „sie könne fahren“ (Z. 18). Bei der rasenden Autofahrt versucht sie, Sarah wieder zur Vernunft zu bringen („Jackie schrie mich an“, Z. 20).

***Aufgabe 3***

Sarah benutzt die anderen Figuren als Mittel zum Zweck. Sie habe alle Mitglieder einer indischen Familie bei dem Unfall getötet, außer einem kleinen Jungen, so berichtet sie. Auch ihre Freundin Jackie lässt sie in ihrem Brief sterben.

**Seite 44**

***Aufgabe 4***

Sarahs Anliegen besteht darin, bei den Eltern Schuldgefühle auszulösen und sie so in Bezug auf ihre Heirat und ihre Schwangerschaft gnädig zu stimmen.

***Aufgabe 5***

***a)*** Das Wort „Katastrophe“ wird hier als Hyperbel verwendet und betont, wie negativ der Vater die Beziehung zwischen seiner Tochter und Ralph bewertet.

**b)** Sarah fasst den Begriff noch drastischer auf, als der Vater ihn wahrscheinlich gemeint hat. Für sie gibt dieses Wort den Auslöser dazu, dass sie sich von den Eltern abwendet. Später erfindet sie in ihrem Brief eine Vielzahl wirklich verhängnisvoller Schicksalsschläge, sodass die wahre Bedeutung des Wortes „Katastrophe“ deutlich wird.

***c)*** Der Begriff „Katastrophe“ kann in unterschiedlichen Zusammenhängen verschieden stark besetzt sein. Zum Beispiel in Bezug auf Naturkatastrophen meint er etwas sehr Bedrohliches und Zerstörerisches. In der Umgangssprache aber ist diese Bedeutung häufig abgeschwächt.

***Aufgabe 1***

***a)*** Der Anfang und das Ende des Textes sind von der Sprache her sehr harmonisch formuliert und lassen die Leser deshalb glauben, es handle sich bei dem Text um einen liebevollen Brief einer Tochter an ihre Eltern.

***b)*** Der Text ist in nur zwei Abschnitte gegliedert, was einheitlich und fließend, fast beruhigend wirkt. Im ersten, längeren Abschnitt lässt die Autorin Sarah die erdachte Katastrophe beschreiben, im zweiten und wesentlich kürzeren Abschnitt lässt sie Sarah die Wahrheit mitteilen. Das Entsetzen wird noch einmal kurz gesteigert und wandelt sich in plötzliche Ernüchterung.

**Seite 45**

***Aufgabe 2***

***a)*** **Höhepunkt der Handlung:** Jackie ist tot. (Z. 27)
**Wende des Geschehens:** Nichts von alledem ist wahr. (Z. 46)

***b)*** Tempuswechsel; kurze, knappe Sätze

***Aufgabe 3***

„Ich wollte euch bloß Guten Tag sagen, ich bin auf dem Weg nach Maine.“ (gesprochen von Sarah, Z. 12 f.)
„Nein! Nein!“ (gesprochen von Jackie, Z. 26)
Die wörtlich gesprochenen Sätze lassen den Handlungsverlauf authentischer erscheinen. Sie erhöhen damit die Spannung des Textes.

***Aufgabe 4***

***a)*** Es handelt sich um ein ausgedehntes Satzgefüge.

***b)*** Durch die schnelle Aufeinanderfolge der einzelnen Satzteile verlieren sie einzeln ihr Gewicht. Ihre Bedeutung wird so herabgesetzt und die Ansicht der Eltern als Geschwätz enthüllt.

***c)*** fuhr, geriet, brach durch, schoss, krachte
Die Verben steigern sich in ihrer inhaltlichen Intensität und bewirken so das Mitfiebern der Leser mit Sarah.

***Aufgabe 5***

Die Sätze fangen fast alle mit dem Subjekt an, was wie eine hastige, aufgeregte Aufzählung der rasanten Handlungsschritte wirkt. Der sich anschließende Satzanfang „Hundertfünfzig [...]“ wirkt wie ein Aufschrei, er lässt die Handlung ansteigen und die bevorstehende „Katastrophe“ ahnen.

**Seite 46**

***Aufgabe 6***

***a)*** Häufung, Aneinanderreihung von entsetzlichen Fakten: stellt die Grausamkeit der Situation sehr plastisch dar

***b)*** Alliteration und Inversion: bewirkt eine Verstärkung der Aussage

***Aufgabe 1***

Die Eltern werden den Brief als völlig unangemessen empfinden und Sarah dafür sicherlich kritisieren, aber möglicherweise in Bezug auf Heirat und Schwangerschaft sanftere Töne anschlagen.

***Aufgabe 2***

Der Text „Liebe Mom, lieber Dad“ gibt zu bedenken,

welche Mittel angewendet werden dürfen und können, um jemanden zu einem verständnisvollen Umgang mit der Situation junger Menschen und ihren Träumen zu bringen.

## Seite 47

### *Aufgabe 1*

**Einleitung:** Angaben zu Titel, Autorin, Textsorte, Thema
**Hauptteil:** Figuren (Wer?), Handlungsverlauf mit Höhe- und Wendepunkt (Was?), Zeit (Wann?), Ort (Wo?), Handlungsgründe (Warum?), Figurencharakteristik, Textaufbau, Satzbau, Wortwahl, andere sprachliche Besonderheiten, Textaussage
**Schluss:** persönliche Gedanken zum Text (Wertung, Gefühle), Bezug zur Einleitung

### *Aufgabe 2*

Muster:
Irene Disches Text „Liebe Mom, lieber Dad", den sie 1989 im Buch „Fromme Lügen. Sieben Geschichten" veröffentlicht hat, handelt von einer jungen Frau namens Sarah, die einen Brief an ihre Eltern schreibt. ... *(siehe Text zu Aufgabe 3 der Seite 42 des Arbeitsheftes)* ... Sie sollen dadurch Verständnis für sie aufbringen.

Die Schocktherapie, die sie gewählt hat, soll die Eltern aufmerksam machen. „Ich wollte nur, dass Ihr meine Neuigkeiten im richtigen Licht seht", schreibt sie. Sie ist einen grausamen Weg gegangen, um ihnen eine freudige Nachricht zu überbringen. Ausführlich beschreibt sie ihre Verletzungen: „[...] die Nase gebrochen, die Wangenknochen gebrochen, ein Riss in der Stirn, sieben Rippen, der linke Arm und die linke Hand an fünf Stellen gebrochen." (Z. 30 ff.)
Die letzten Worte ihrer Freundin gibt sie in der direkten Rede wieder, was alles sehr realistisch erscheinen lässt und die „Katastrophe" zum Höhepunkt führt. Die Leser leiden förmlich mit. Auch die Darstellung des Unfalls geschieht auf eine Art und Weise, dass man das Gefühl hat, dabei zu sein. Als die Situation sich zuspitzt, werden die Sätze immer kürzer. Das alles gipfelt in der Aussage: „Kinder werde ich auch keine bekommen können." (Z. 42 f.) Durch die Alliteration bei den Wörtern „Kinder, keine, können" und ein weiteres k in dem Wort „bekommen" wird diese Aussage noch einmal verstärkt und hämmert sich geradezu ins Bewusstsein.

Dann vollzieht sich aber eine überraschende Wende mit den Sätzen: „Liebe Mom, lieber Dad. Nichts von alledem ist wahr." (Z. 46) Verblüfft hält der Leser/die Leserin einen Moment inne und fragt sich, ob er/sie richtig gelesen habe. Er/sie ist irritiert und denkt unwillkürlich darüber nach, was Sarah ihren Eltern gerade angetan hat. Das Bild, das man sich von Sarah gemacht hat, ändert sich schlagartig. Bislang hat man in ihr die nette Tochter gesehen, die ihre Eltern besucht und ihnen Briefe schreibt. Mit diesem Brief spielt sie mit ihren Eltern auf eine sehr üble Art. Sie kann sich doch vorstellen, dass diese vor Schreck wie erstarrt sind, wenn sie zunächst lesen, dass Sarahs beste Freundin sowie eine mehrköpfige Familie verunglückt sind und Sarah dem Tod knapp entkommen ist. Sie hat diese Vorgehensweise gewählt, um den Eltern klarzumachen, dass es im Leben Schlimmeres gibt als die Heirat mit einem Mann, den sie unpassend finden, weil er älter ist und in ihren Augen keinen akzeptablen Beruf ausübt.
Ich finde, um das mitzuteilen, hätte sie nicht solche Mittel wählen dürfen und müssen. Meines Erachtens hätte die Aussicht auf Enkel auch ausgereicht, um die Eltern milde zu stimmen.

## Seite 49

### *Aufgabe 1 und 2*

fuhr – Präteritum, schrie – Präteritum, stand – Präteritum, macht – Präsens, habe umgebracht – Perfekt, haben verloren – Perfekt, hat verloren – Perfekt, bin – Präsens

### *Aufgabe 3*

| Präsens | Präteritum | Perfekt |
|---|---|---|
| Ralph malt. | Ralph malte. | Ralph hat gemalt. |
| Sarah bittet ihre Eltern um Unterstützung | Sarah bat ihre Eltern um Unterstützung | Sarah hat ihre Eltern um Unterstützung gebeten. |
| Ich denke an Jackie und ihre Eltern. | Ich dachte an Jackie und ihre Eltern. | Ich habe an Jackie und ihre Eltern gedacht. |
| Wir treffen uns bei einer Kunstausstellung. | Wir trafen uns bei einer Kunstausstellung. | Wir haben uns bei einer Kunstausstellung getroffen. |
| Ich fahre nach Hause. | Ich fuhr nach Hause. | Ich bin nach Hause gefahren. |
| Wir genießen unsere gemeinsame Zeit. | Wir genossen unsere gemeinsame Zeit. | Wir haben unsere gemeinsame Zeit genossen. |

| | | |
|---|---|---|
| Es macht Sarah viel aus, dass ihre Eltern Ralph nicht mögen. | Es machte Sarah viel aus, dass ihre Eltern Ralph nicht mögen. | Es hat Sarah viel ausgemacht, dass ihre Eltern Ralph nicht mögen. |
| Ich bin schuld. | Ich war schuld. | Ich bin schuld gewesen. |

## Seite 50

### *Aufgabe 4*

Ihr ist bewusst, dass sie einen schrecklichen Unfall verursacht hat.
Sarah bereut, dass sie zu schnell gefahren ist.
Sie kann nicht verstehen, dass ihre Eltern ihr Vorwürfe gemacht haben.
Sarah ist zornig gewesen.

### *Aufgabe 5*

***a)*** und ***b)*** Sarah wird ein Kind bekommen. Sie wird mit Ralph zusammenleben. Sie wird sich um die Tiere auf der Farm kümmern. Sarah wird sich mit ihren Eltern wieder vertragen.

# Kapitel 5 · Kreatives Schreiben

## Seite 53

### *Aufgabe 1*

***a)*** „Nein, Bürschchen, du kannst nicht als Laufbursche bei mir eintreten."
***b)*** „den (Cent) hatte er seiner guten und frommen Tante gestohlen"
***c)*** „Eine Büroklammer."
***d)*** „Daraufhin machte der Bankmensch den kleinen Jungen zu seinem Partner und gab ihm die Hälfte seines Profits und sein ganzes Kapital."

### *Aufgabe 2*

Sonntagsschule = Vorläufer der Kinderkirche; diente der Vermittlung religiösen Wissens und der Alphabetisierung
Feder = Schreibfeder, Vorläufer des Füllers

### *Aufgabe 3*

„Sankt Peter" und „Salpeter"

### *Aufgabe 4*

***a)*** Ein armer Junge, der zunächst nicht als Laufbursche angestellt wird, aber später die Bank besitzt.
***b)*** Ich-Erzähler als sehr junger Mann
***c)*** Aus der Ich-Perspektive muss weitererzählt werden.

## Seite 54

### *Aufgabe 5*

***a)*** in den USA
***c)*** Es handelt sich um einen fast unwahrscheinlichen gesellschaftlichen Aufstieg, der dem amerikanischen Traum entspricht, dass man es aus dem Nichts, also vom Tellerwäscher, zu Reichtum, zum Millionär, bringt.
***d)*** „Komm mal her, Bürschchen! [...] Sag mal, was hebst du da auf?" Der Aufstieg des Jungen beginnt im Grunde mit dem Aufheben einer Büroklammer. Dadurch wird der Bankmensch auf ihn aufmerksam.

### *Aufgabe 6*

***a)*** Präteritum
***b)*** Der erste Satz beginnt im Präsens und wechselt ins Präteritum. Das bedeutet: Heute ist der Mann nicht mehr jung und arm wie früher. Er befindet sich wie die Leser in der Gegenwart. So sind die Leser diesem Mann und dem Erfolg seiner Geschichte näher.
***c)*** Die Spannung wird erhöht, indem die Handlung näher an die Leser heranrückt.

## Seite 55

### *Aufgabe 1*

***b)*** lutschte nämlich gerade an einer Lakritzenstange (Z. 6), die große, kugelrunde Tropfen [...] (Z. 8), kaum hörbaren Schluchzern (Z. 9), die Marmorstufen der Bank (Z. 8), edle Gestalt (Z. 10), zerlumpten Jacke (Z. 13), Eine Büroklammer (Z. 15/16), Feder aus purem Golde [...] (Z. 20)
***c)*** glatt, leicht

### *Aufgabe 2*

betrat (Z. 2), schlich (Z. 7), kullerten (Z. 8), neigte/verbarg (Z. 10), ergriff (Z. 20), staunte (Z. 23)

## Seite 56

### *Aufgabe 3*

Muster:
Ich wartete immer darauf, dass, wenn ich etwas aufhebe, vielleicht ein Bankmensch herauskommt, um nachzusehen, was ich da gefunden habe, und mir anbietet, sein Laufbursche zu werden. Dies passierte aber nicht. Alle waren sehr beschäftigt, ihre täglichen Aufgaben zu erfüllen, und beachteten mich gar nicht. Ich habe mir immer gedacht, dass das kleine Bürschchen ziemlich mutig gewesen sein muss, da ich mich selber nicht traute, in die Bank hineinzugehen und zu fragen, ob in dieser Bank ein Laufbursche benötigt werde. Eines Tages war ich wieder einmal damit beschäftigt, vor der Bank nach Büroklammern zu suchen, da kam

ein gut angezogener, junger Mann, vielleicht ein wenig älter als ich, in die Bank, begrüßte alle Mitarbeiter und wartete anscheinend auf eine Anweisung. Als er einen Umschlag bekommen hatte und aus der Bank ging, sah er mich auf einem Stein sitzen. Er schaute mich von oben herab an und meinte: „Was sucht du hier? Bald beschweren sich noch die Kunden, dass sich bei uns vor der Bank Bettler aufhalten."
Das war unverschämt und ich wurde wütend, weil er mich auf diese Weise angesprochen hatte. Da dachte ich mir: „Was der kann, das kann ich schon lange!"
Gut, dass es in unsrer Stadt nicht nur eine Bank gibt. Ich nahm meinen ganzen Mut zusammen und ging in die andere Bank, die auch nicht so weit weg war und vor der ich auch schon versucht hatte, Büroklammern zu finden.
Ich ging hinein und sah einen Bankmenschen, der gerade an seinem Schreibtisch arbeitete. Er hob seinen Kopf und sah mich freundlich an. Trotzdem war ich ziemlich aufgeregt und konnte kein Wort sagen. Da sagte er zu mir: „Du bist doch der Junge, der öfter etwas vor unsrer Bank sucht". Ich konnte gar nichts sagen und nickte nur stumm. „Ich warte schon lange darauf, dass du zu uns hereinkommst und uns sagst, was du eigentlich willst", versuchte er es wieder und dabei lächelte er mich an. Da schaute ich auf den Boden und fragte ganz leise und mit zittriger Stimme, ob er vielleicht jemanden brauche, der für ihn die unwichtigen Dinge erledige.
Der Bankangestellte fragte mich, wo ich wohne, ob ich zur Schule gehe und was meine Eltern machten. Danach sagte er, dass ich zur Probe in der Bank arbeiten dürfe.
So habe ich angefangen, bei der Bank zu arbeiten, und wenn mein Onkel mir damals nicht die Geschichte erzählt hätte, würde ich vielleicht jetzt etwas ganz anderes machen. Mit meinem Leben bin ich sehr zufrieden, aber es ist nicht so wie in der Geschichte von dem kleinen Jungen. Ich bekam nichts von den Bankangestellten geschenkt, außer der Gelegenheit, bei dieser Bank zu arbeiten. Meinen Erfolg und mein Geld musste ich selbst verdienen. Aber aus der Geschichte hatte ich gelernt, dass man an sich glauben und mutig sein muss, um im Leben erfolgreich zu sein.

## Seite 58

***Aufgabe 1***
Die Geschichte wird aus der auktorialen Perspektive erzählt.

***Aufgabe 2***
***a)*** Wer andern eine Grube gräbt, fällt selbst hinein. - Wer einem anderen übel mitspielen möchte, ist am Ende selbst der Leidtragende.
***b)*** Streit macht den Menschen krank.
***c)*** Wenn zwei sich streiten, freut sich der Dritte. - Der listige Kunde verdient letztlich am Neid und Hass der beiden Wirte, die den Schaden davontragen.

***Aufgabe 1***
***b)*** Löwenwirt: gegenüber Gästen höflich und zuvorkommend, hinterhältig, sät Unfrieden
Gast: frech, listig, schlau, nutzt Situation zwischen den Wirten für den eigenen Vorteil aus

***Aufgabe 2***
Zu Beginn gibt sich der Wirt freundlich, da er glaubt, an seinem Gast verdienen zu können. Als er von dem Betrug erfährt, wird er jedoch beleidigend, geht dann aber zum Kampf gegen seinen Rivalen, den Bärenwirt, über.

## Seite 59

***Aufgabe 3***
Der Gast kommt mit seiner List an den beiden Wirten dem Löwenwirt zuvor, sodass dieser das Nachsehen hat, noch bevor er seinem Nachbarn schaden kann.

***Aufgabe 1 (oben)***
***a)*** Der Teil, in dem der Bärenwirt betrogen wird, ist unbekannt.

***Aufgabe 1 (Mitte)***
***A)*** abwechslungsreiche Sätze, Wortwahl, Ausdruck von Gefühlen

***Aufgabe 2***
Muster:
Gestern Abend öffnete sich zu später Stunde die Tür der Wirtsstube und ein gut gekleideter Fremder trat ein. Ich war froh, denn das Geschäft ging den ganzen Tag über nicht sonderlich gut und die Einnahmen hatten sich in Grenzen gehalten.
Selbstbewusst nahm er an dem großen Tisch in der Nähe des Eingangs Platz und bestellte zu meiner Freude nicht nur ein Stück Fleisch mit Gemüse, sondern noch eine ordentliche Suppe als Vorspeise. Auch dem teuren Rotwein war er nicht abgeneigt und bestellte auch davon für sein Geld ein Glas. Warum der Kerl so betonte, dass er das alles für sein Geld wollte, war mir zunächst nicht klar. Für wessen Geld sollte er es denn sonst bestellen, dachte ich noch. Er war allein im Restaurant und keiner war da, der ihn hätte einladen

können. Was war ich nur für ein ahnungsloser Dummkopf!
Spätestens beim Bezahlen wurde mir klar, worauf dieser Gauner hinauswollte. Er drückte mir für all das, was er zu sich genommen hatte, ein lumpiges Sechskreuzerstück in die Hand. Mit einem Taler hatte ich gerechnet! Und dann erzählte er noch, dass er mir immer klar und deutlich gesagt hätte, er bestelle für sein Geld. So ein Schlitzohr! Klar hatte er das gesagt, aber wer konnte denn mit so etwas rechnen? So war das Essen weg und die Kasse blieb leer!
Ich überlegte noch kurz, den Dorfpolizisten zu holen. Aber nein, das ging wirklich nicht. Ich wollte nicht zu allem Übel auch noch zum Gespött der Leute werden. Das fehlte gerade noch!
Aber vielleicht war das ja endlich die Gelegenheit, dem Bärenwirt eins auszuwischen. Der trug nämlich in letzter Zeit die Nase immer höher und schnappte mir viele Gäste weg.
Also machte ich gute Miene zum bösen Spiel und versuchte, den Gast mit ein bisschen Kleingeld zu überzeugen, diesen Trick bei meinem Nachbarn anzuwenden. Dafür sollte er dann ungestraft davonkommen.
Und was musste ich hören? Dort war der Kerl schon gewesen, und dieser Schuft von Bärenwirt, der auch auf diesen Trick hereingefallen war, hatte ihn zu mir geschickt! Ich war zu spät.
Aber ich gebe nicht auf! Es wird schon noch der Tag kommen, an dem ich mich rächen kann. Und Rache ist süß!

***Aufgabe 1 (unten)***

Der Gast wird bei beiden Wirten nicht mehr gern gesehen sein. Sein Essen wird er künftig woanders einnehmen müssen. Im Dorf wird sich sein Trick schnell herumsprechen und ihm Anerkennung einbringen.

**Seite 60**

***Aufgabe 2***

**Muster:**

Lieber Bärenwirt,
ich habe unsere Abmachung eingehalten und bin zu Ihrem Nachbarn, dem Löwenwirt, gegangen.
Dort habe ich mein Spiel noch einmal gespielt. Ich habe ein warmes Essen für mein Geld bestellt und zu alledem noch ein vorzügliches Glas Rotwein getrunken. Der war, das muss ich jetzt doch loswerden, besser als Ihrer.
Ihr Nachbar hat, wie Sie auch, meinen Plan nicht durchschaut und mich sehr zuvorkommend bedient. Verblüfft war er dann natürlich, als es ans Bezahlen ging und ich ihm einen Sechser statt des erwarteten Talers entgegenhielt. Sein Gesichtsausdruck hat sich von Ihrem vor ein paar Tagen kaum unterschieden. Aber eines sollten Sie wissen: Ihr Nachbar ist auch ein Schlitzohr. Er wollte mich mit dem gleichen Trick zu Ihnen schicken. Das ging aus bekannten Gründen ja nun wirklich nicht. Sein Gesicht hätten Sie sehen sollen, als er erfuhr, dass ich bereits bei Ihnen gewesen war und Sie mich geschickt hatten.
Bei den Spielchen habe ich bei Ihnen und dem Löwenwirt gut gegessen und getrunken. Danke schön! Sie sind beide gute Gastgeber und haben eine gute Küche. Aber überlegen Sie einmal, ob es auf Dauer für Sie beide nicht besser wäre, wenn Sie nicht gegeneinander, sondern miteinander arbeiten würden.
Vielleicht sollten Sie auch den guten Rotwein in Ihr Sortiment aufnehmen. Fragen Sie doch einmal den Löwenwirt, woher er ihn bezieht. Vielleicht verrät er es Ihnen ja.
Trinken Sie ein Gläschen zusammen und stoßen Sie auf die „bärigen Löwenwirte“ an, sonst werden noch viele schlaue Gäste von Ihrem Streit profitieren.

Viele Grüße
Ihr ehemaliger Gast

**Seite 61**

***Aufgabe 1***

1. Nachdem er sich alles wohl hatte schmecken lassen, zog er einen abgeschliffenen Sechser aus der Tasche, und sagte: „Hier ist mein Geld.“ Begleitsatz vor der wörtlichen Rede
2. Der Wirt sagte: „Was soll das heißen? Seid Ihr mir nicht einen Taler schuldig?“ Begleitsatz vor der wörtlichen Rede
3. Der Gast erwiderte: „Ich habe für keinen Taler Speise von Euch verlangt, sondern für mein Geld. Mehr hab ich nicht. Habt Ihr mir zu viel dafür gegeben, so ist's Eure Schuld.“ Begleitsatz vor der wörtlichen Rede
4. „Ihr seid ein durchtriebener Schalk“, erwiderte der Wirt, „und hättet wohl etwas anderes verdient. Aber ich schenke Euch das Mittagessen und hier noch ein Vierundzwanzigkreuzerstück dazu; nur seid stille zur Sache, und geht zu meinem Nachbarn, dem Bärenwirt, [...].“ Begleitsatz innerhalb der wörtlichen Rede
5. Aber der schlaue Gast griff lächelnd mit der einen Hand nach dem angebotenen Geld, mit der andern vorsichtig nach der Türe, wünschte dem Wirt einen guten Abend, und sagte: „Bei Eurem Nachbarn, dem Herrn Bärenwirt, bin ich schon gewesen, und eben der hat mich zu Euch geschickt, und kein anderer.“ Begleitsatz vor der wörtlichen Rede

***Aufgabe 2***

1. erklärte, meinte
2. fragte, entgegnete, protestierte
3. entgegnete, widersprach
4. bemerkte, urteilte, belehrte
5. antwortete, erklärte, triumphierte

***Aufgabe 3***

Der Bärenwirt fühlte sich hintergangen und wollte, dass es seinem Nachbarn, dem Löwenwirt, nicht besser ergehen sollte.
Erzählung:
Er schluckte seinen Ärger herunter und bot dem Gast an: „Ihr sollt ungestraft davonkommen. Das Essen ist umsonst und hier habt Ihr noch ein Vierundzwanzigkreuzerstück dazu. „Das soll doch ein Handel werden", erwiderte ungläubig der Gast, „was ist mein Teil daran?" „Die Sache bleibt unter uns!", verlangte der Bärenwirt. „Und spielt Euer Spiel noch einmal, beim Bärenwirt nebenan. Warum soll es diesem üblen Burschen besser ergehen als mir?" Der Gast wandte sich schon der Tür zum Gehen zu, streckte eine Hand nach dem Gelde und sagte triumphierend: „Warum nicht, all die drei Dinge kann ich brauchen: das Geld, ein gutes Essen und den Spaß!"
Spielszene:
Bärenwirt (denkt kurz nach, ein seltsames Lächeln vertreibt den Zorn aus seinem Gesicht): „Nun gut, Ihr sollt ungestraft davonkommen – unter zwei Bedingungen ..."
Gast (erwartungsvoll): „Nur zu!"
Bärenwirt: „Ich schlage Euch diesen Handel vor: Das Essen ist umsonst und ein Vierundzwanzigkreuzerstück gebe ich Euch noch dazu. Nur: Die Sache bleibt unter uns! Und spielt Euer Spiel noch einmal, beim Bärenwirt nebenan."
Gast (eine Hand schon an der Tür, eine Hand nach dem Geld reichend, triumphierend): „Nur her damit, all die drei Dinge kann ich brauchen: das Geld, ein gutes Essen und den Spaß!"

## Kapitel 6 · Privater Geschäftsbrief

**Seite 62**

***Aufgabe 1***

***a)*** Absender: Klassensprecher/in
Empfänger: Schulleiter/in. Hierarchisches Verhältnis
***b)*** Anlass: Überlegungen, auf dem Schulhof eine Kamera zu installieren; Bezug auf vorherige Schreiben: nein
***c)*** Keine Kamera auf dem Schulhof

**Seite 63**

***Aufgabe 1***

***a)*** Überwachungskamera an der ... - Schule
***b)*** Es wird eine Bitte vorgebracht, die die Schulleitung dazu bewegen soll, keine Kamera zu installieren. Zudem enthält der Brief Vorschläge, wie man das Problem anders lösen könnte.
Eine Forderung, die durch ein Ausrufezeichen verstärkt wird, wirkt unfreundlich (Keine Überwachungskamera!), zudem wird keine Beschwerde formuliert (Beschwerde), vollständige Sätze sind ebenfalls in einer Betreffzeile zu vermeiden (Wir sind gegen die Überwachungskamera).

**Seite 64**

***Aufgabe 2***

***a)*** Sehr gehrte Frau Oberstudiendirektorin Meier-Müller
***b)*** Es wird zielgerichtet eine Person angeschrieben, die auch namentlich genannt werden sollte.
Die Anredeform „verehrte ..." ist unzeitgemäß, „liebe" unpassend, da keine private Beziehung besteht.
***c)*** Komma

***Aufgabe 3***

Bei der Schreibweise des Datums können Sie nach aktueller DIN zwischen folgenden Varianten wählen:
Numerische Schreibweise: 03.05.2014; 14-05-03
Alphanumerische Schreibweise: 3. Mai 2014

:
Tobias Leuberg — Glücksstadt, 03.05.2014
Hauptstraße 5
78777 Glücksstadt
0531 4453
:
Frau Oberstudiendirektorin
Meier-Müller
Beethovenstraße 3
78777 Glücksstadt
:
Überwachungskamera an der Karl-Macher-Schule

***Aufgabe 2 (unten)***

Zum Beispiel:

| Aussage | Argument |
|---|---|
| Die Kamera kann schnell zerstört werden. | Die Videoüberwachung ist langfristig kein effektives Überwachungsinstrument. |
| Die Datenschutzfrage ist nicht hinreichend geklärt. | Die Verwendungsmöglichkeiten der Bilder sind nicht abschätzbar. |

| | |
|---|---|
| Jeder wird gefilmt. | Keine Differenzierung; alle, die sich auf dem Schulgelände befinden, werden gefilmt. |

**Seite 65**

***Aufgabe 3***
Yannics Äußerung ist unsachlich, kein Argument.

***Aufgabe 4***
Zunächst müssen Sie sich Gedanken über ein nachvollziehbares Prinzip machen; z. B. vom Persönlichen zum Allgemeinen anhand des vorgegebenen Materials: Die Gefahr der Verletzung individueller Rechte und des Datenschutzes besteht.
Keine Differenzierung erfolgt; alle, die sich auf dem Schulgelände befinden, werden gefilmt.
Andere Schulen begegnen dem Problem auch ohne Überwachungskameras.

***Test***
Text 2 wirkt überzeugender.

***Aufgabe 5***
Nachmittagsangebote sollte es an der Schule geben, um die Schülerinnen und Schüler zu beschäftigen.
Einladende Aufenthaltsräume und ausgebildete Personen, die mit Krisensituationen umgehen können, sind vonnöten.
Einige Schüler können Hofaufsicht übernehmen und andere den Hof säubern.
Informationskampagnen der SMV und mehr Hausmeisterstunden sind wichtig.

**Seite 66**

***Aufgabe 1***
***a)*** Wir hoffen sehr, dass die Ausführungen [...] einverstanden sind.
***b)*** Zusammenfassung des Sachverhalts, höflicher, aber nicht anbiedernder oder künstlich wirkender Stil

***Aufgabe 2***
Mit freundlichen Grüßen

***Aufgabe 3***
Nein, da die Bedenken gegen die Installation einer Kamera sowie die Vorschläge sich nicht auf weitere Papiere oder Darstellungen beziehen.

***Aufgabe 4***
**Muster:**

Sehr geehrte Frau Oberstudiendirektorin Meier-Müller,

ich bin Klassensprecher der IT-Klasse 1b dieser Schule. Meine Mitschüler und ich haben gehört, dass es Überlegungen gibt, auf unserem Schulhof eine Überwachungskamera zu installieren. Wir sprechen uns vehement gegen dieses Vorhaben aus und bitten Sie, unsere Einwände zu berücksichtigen.

Sicherlich hat die Zerstörungswut in den letzten Jahren immer mehr um sich gegriffen und unser Schulhof ist schon längst nicht mehr der Ort, an dem man sich gerne aufhält und sich erholt. Woran das liegt, brauche ich nicht weiter auszuführen. Demolierte Müllbehälter, Dreck in allen Ecken und Graffiti am Schulgebäude sprechen eine deutliche Sprache. Eine Überwachungskamera zu installieren, um der Zerstörungswut Einhalt zu gebieten, liegt zunächst nahe. Setzt man sich mit dem Sachverhalt intensiv auseinander – und das haben wir in mehreren Klassensitzungen getan –, kann man sich jedoch nur dagegen aussprechen.

Die wichtigsten Punkte möchte ich Ihnen kurz darlegen:
- Warum sollen alle überwacht werden, wenn nur einige wenige als Übeltäter auftreten?
- Es gibt immer weniger unbewachte öffentliche Plätze, wenn neben Flughäfen und Bahnhöfen jetzt auch noch Schulen überwacht werden.
- Die Grenzen zwischen der Überwachung des Schulhofes bis zur Überwachung von Menschen sind fließend. Wir meinen, dass elementare individuelle Rechte durch eine Überwachung eingeschränkt werden. Wenn man ständig unter Beobachtungsdruck steht, wird die Lebensqualität beeinträchtigt.
- Zudem gilt es abzuklären, ob nicht ein Verstoß gegen das Datenschutzgesetz vorliegt. Gerade in unserem Ausbildungsberuf erfahren wir täglich, wie sensibel mit persönlichen Daten umgegangen werden muss. So stellt sich natürlich auch die Frage, was mit den gespeicherten Bildern geschieht.
- Die Außenwirkung einer solchen Maßnahme ist nicht zu unterschätzen. Welcher Betrieb sagt schon gerne, dass seine Auszubildenden an einer Schule unterrichtet werden, die überwacht wird.

Letztendlich wollen wir auch eine Schule, die uns mit ihrem Ambiente anspricht. Dreckige Schulhöfe mit zerstörtem Mobiliar müssen nicht sein. Wir haben folgende Ideen, von deren Umsetzung wir uns viel versprechen:

Zum einen sollte man die Zahl der Stunden erhöhen, die der Hausmeister an der Schule Dienst hat. Der ein oder andere Randalierer wird sich durch eine erhöhte Präsenz sicherlich abschrecken lassen.
Wir würden es auch begrüßen, wenn Schüler in der Nachmittagspause den Schulhof säubern. Wenn jede Klasse an ein paar Tagen im Schuljahr dafür Verantwortung übernimmt, merkt der Einzelne schnell, dass es leichter ist, Müll in den Abfalleimer zu werfen, als ihn vom Schulhof wieder wegzuräumen. Zudem könnte die SMV versuchen, durch eine Informationskampagne den Schülerinnen und Schülern klarzumachen, welche Auswirkungen der katastrophale Zustand eines Schulhofes haben kann. Die Schülerinnen und Schüler der IT-1b würden sich dabei gerne einbringen.

Wir hoffen sehr, dass die Ausführungen noch einmal deutlich gemacht haben, dass wir das Problem sehen, aber auf keinen Fall mit der Installation einer Überwachungskamera einverstanden sind. Wir denken, dass eine Kamera mehr Probleme verursacht als löst. Wir haben viele Ideen, bei deren Umsetzung Sie gerne auf uns zukommen können.

Mit freundlichen Grüßen

Tobias Leuberg
– Klassensprecher der IT 1b –

**Seite 67**

***Aufgabe 1***
künstlich, nicht lebendig, kompliziert

**Seite 68**

***Aufgabe 2***
***a)*** Nomen
***b)*** Die Berücksichtigung aller Interessen ist nicht immer leicht. Dennoch war der Beschluss der Klassenversammlung der, dass die Weiterführung der Gespräche zwischen allen Beteiligten wieder ins Auge gefasst werden soll. Klar wurde auch, dass in der Kürzung der Hausmeisterstunden ein nicht unwesentlicher Grund für die aktuelle unbefriedigende Situation liegt. Bei Interesse und natürlich auch bei Rückfragen können Sie sich gerne an uns wenden. Die Hinzuziehung unserer Klasse als Datenschutzexperten bieten wir an.

***Aufgabe 3***
Es ist nicht immer leicht, alle Interessen zu berücksichtigen. Dennoch haben wir in der Klassenversammlung beschlossen, dass die Gespräche zwischen allen Beteiligten wieder weitergeführt werden sollen. Klar wurde auch, dass die reduzierten Hausmeisterstunden eine Ursache für die aktuelle unbefriedigende Situation darstellen. Sollten Sie Rückfragen haben, können Sie sich gerne an uns wenden. Unsere Klasse berät gerne in Fragen des Datenschutzes.

***Aufgabe 4***
Die neu gebildeten Sätze klingen besser, sie wirken aktiv und lebendig.

***Aufgabe 5***
***a)*** Einige Sätze sind im Passiv verfasst und/oder enthalten unnötige Füllwörter. Andere sind übertrieben höflich formuliert.

**Seite 69**

***b)*** Wir bitten Sie. Wir stellen klar.
Bitte berücksichtigen Sie unsere Bedenken.
Bitte behandeln Sie unsere Vorschläge vertraulich.
Wir haben Ihnen die Situation verdeutlicht.
Wir freuen uns, wenn Sie unsere Meinung teilen könnten.
Bitte informieren Sie uns, ob Sie mit unseren Vorschlägen einverstanden sind.
Für eine baldige Antwort sind wir dankbar.

## Kapitel 7 · Rechtschreibung und Zeichensetzung

**Seite 70**

***Aufgabe 1***
***a)*** Das Bewerben um einen Arbeitsplatz ist Überzeugungsarbeit. Sie wollen den Arbeitgeber davon überzeugen, dass sie gut zu ihm passen. Ihr Auftreten sollte eine positive Ausstrahlung haben und Vertrauen wecken, denn Sie wollen etwas Bestimmtes erreichen.

***Aufgabe 2***
***a)*** Beim Test musste ich mich sehr konzentrieren.
Wir gingen gemeinsam ins Museum.

**Seite 71**

***b)*** In dem Schulgebäude darf nicht geraucht werden.
Der Bus fährt zu der Berufsschule.
Für das Vortragen erhielt er einen Preis.

***Aufgabe 3***
mit Freude singen, (sich) auf die Ferien freuen, bei der Arbeit schwitzen, neben der Schule jobben, für den Test lernen, ohne Lust trainieren

**Seite 72**

***Aufgabe 4***
***a)*** und ***b)*** das Bewerben – bewerben, ihr Auftreten – auftreten, das Vertrauen – vertrauen, etwas Bestimmtes – bestimmt

***Aufgabe 5***
Mit einer Bewerbung will man etwas Bestimmtes erreichen.
Viel Wichtiges habe ich einem Informationstext zur Bewerbung entnommen.
Bei einer ärztlichen Untersuchung ist manches Auffällige entdeckt worden.
Wenig Neues zum Thema Stellenangebote ergab leider ein Gespräch in der Arbeitsagentur.

***Aufgabe 6***
Mein Schreiben, dein Auftreten, sein Diskutieren, euer Reden, sein Schweigen

***Aufgabe 8***
durch Schreiben – durch korrektes Schreiben: Korrektes Schreiben ist bei einem Einstellungstest wichtig.
mit Üben – mit selbstständigem Üben: Erst nach und nach erlernt man selbstständiges Üben.
beim Lernen – beim intensiven Lernen: Beim intensiven Lernen braucht man hin und wieder eine Stärkung.
mit Auftreten – mit sicherem Auftreten: Mit sicherem Auftreten macht man beim Vorstellungsgespräch einen guten Eindruck.
ohne Zögern – ohne langes Zögern: Er nahm die Stelle ohne langes Zögern an.

**Seite 73**

***Aufgabe 9***
Sie haben es dank deiner Hilfe geschafft. Sie sind nicht mehr pleite.
Leider muss ich Sie kraft des Gesetzes verurteilen. Sie sind laut Protokoll an dem Unglück schuld.
Beide haben zeit ihres Lebens Glück gehabt. Sie sind einfach spitze/klasse.

***Test***
Das Bewerben um einen Arbeitsplatz verlangt oftmals Geduld und Ausdauer. Das Schreiben einer Bewerbung muss formal und inhaltlich korrekt sein. Ein oberflächliches Verfassen des Bewerbungstextes ist unbedingt zu vermeiden. Das Lesen Ihrer Bewerbung sollte sozusagen ein Lesevergnügen sein. Das Auftreten von Fehlern würde dies stören.

## Seite 74

***Aufgabe 1***

***a)*** Vielen Dank für Ihre Bewerbung. Wir laden Sie am Dienstagmorgen zu einem Vorstellungsgespräch ein. Melden Sie sich bitte morgen Nachmittag bei unserer Personalabteilung, um für Dienstag noch einige Details zu klären. Wir stehen Ihnen nachmittags zwischen 15 und 17 Uhr zur Verfügung.

***b)*** und ***c)***

| immer Kleinschreibung (Zeitadverbien) | Klein- und Großschreibung (Adverb und Nomen) | Großschreibung (Nomen mit und ohne Begleiter) |
|---|---|---|
| nachmittags | morgen Nachmittag | am Dienstagmorgen |
| vormittags | heute Vormittag | (für) Dienstag |
| mittwochs | gestern Abend | der Montagabend |

***Aufgabe 2***

Als ich am Mittwochnachmittag den Antwortbrief der Firma las, war ich überglücklich. Man lädt mich am Freitagmorgen um 10 Uhr zu einem Vorstellungsgespräch ein. Ich hatte die Bewerbung erst Montag abgeschickt. Ab heute Nachmittag werde ich mich intensiv darauf vorbereiten. Meine Freizeitaktivitäten – besonders nachts – werde ich einschränken. Ich will alles versuchen, um am Freitag topfit zu sein.

## Seite 75

***Aufgabe 1***

Das wird dir bestimmt noch leidtun.
Am Dienstag wird ein wichtiges Gespräch stattfinden.
An dem Trainingskurs werde ich auf jeden Fall teilnehmen.
Dem Prüfungsdruck werde ich hoffentlich standhalten.

***Aufgabe 2***

Am Donnerstag findet das wichtige Gespräch statt.
An dem Trainingskurs nehme ich auf jeden Fall teil.
Hoffentlich halte ich dem Trainingsdruck stand.
Das tut mir aufrichtig leid.

## Seite 76

***Aufgabe 1***

**kaltlassen:** ungerührt sein
**schiefgehen:** misslingen
**klarsehen:** den Durchblick haben
**hochhalten:** etwas beibehalten
**richtigliegen:** Recht/recht haben
**schlechtmachen:** etwas Schlechtes verbreiten
**offenbleiben:** ungelöst/ungeklärt bleiben
**sichergehen:** absichern/garantieren
**wachhalten:** erinnern

***Test***

Deine Informationen waren sehr hilfreich, nun kann ich wieder klarsehen.
Es verletzt mich sehr, dass meine Gefühle dich völlig kaltlassen.
Meine Rückenschmerzen waren so stark, dass ich nur noch schief gehen konnte.
Auf Grund meiner Vorbereitung glaube ich, dass bei dem morgigen Test nichts schiefgehen wird.
Einige Fragen werden wohl offenbleiben.
Sie sollten das Plakat hoch halten, damit wir es besser sehen können.
Die Erinnerung an den Zweiten Weltkrieg sollten wir wachhalten.
Die Fenster müssen offen bleiben, wir brauchen frische Luft.
Ich habe es satt, dass du mich immer vor anderen schlechtmachst.

## Seite 77

***Aufgabe 1***

Ich hoffe, dass es dir bald besser geht.
Ich glaube, dass uns das gelingen kann.
Ich denke, dass du dich erholen solltest.
Die Diskussion ergab, dass die Meinungen sehr weit auseinandergehen.
Experten gehen davon aus, dass diese Tatsache wissenschaftlich überprüft werden muss.

***Aufgabe 1***

das Passfoto, die Basssaite, der Mafiaboss, der Fremdenhass, die Imbissbude, die Flussströmung, der Gerichtsprozess, die Abschlussrunde, der Hautriss, der Einlassbereich

## Seite 79

***Aufgabe 1***

Konjunktion — gebeugte Verbform

[Als] ich meine Bewerbungen abgeschickt hatte, war ich sehr erleichtert.

Satzbild: .............................................. , ________ ________ .

Konjunktion

Ich hoffe sehr, [dass] ich die eine oder andere positive Rückmeldung bekomme.

gebeugte Verbform

Satzbild: ________ , .............................................. .............................................. .

Konjunktion

Ich werde die Arbeitsstelle, wenn sich nichts ändert, pünktlich antreten.

gebeugte Verbform

Satzbild: ______________ , ............... ................ , ______________ .

Konjunktion

Ich erreichte den Betrieb noch rechtzeitig, obwohl der Zug Verspätung hatte.

gebeugte Verbform

Satzbild: ______________ , ............... ............... .

Konjunktion gebeugte Verbform

Weil ich kontaktfreudig bin, möchte ich gerne Einzelhandelskaufmann(frau) werden.

Satzbild: ............... , ______________ ______________ .

Konjunktion gebeugte Verbform

Ich werde, weil dies gefordert wird, ein neues Passfoto anfertigen lassen.

Satzbild: ____ , ............... , ______________ ______________ .

***Aufgabe 1***

Um pünktlich zum Gesprächstermin zu kommen, fahre ich mit dem Fahrrad. Es bleibt mir keine andere Wahl, als noch eine weitere Bewerbung zu schreiben. Ohne das Ende des Gesprächs abzuwarten, verließ ein Teilnehmer sein Büro. Ich habe mich am Abend vor der Prüfung, um auf jeden Fall ausgeschlafen zu sein, früh ins Bett gelegt. So werde ich die Prüfung bestimmt schaffen, ohne unkonzentriert zu sein und müde zu werden.

## Seite 80

***Aufgabe 2***

Ihr größter Wunsch ist es, eine gute Musikausbildung zu erhalten. Ich habe nicht im Traum daran gedacht, die Stelle noch zu bekommen. Sie muss damit leben, ihren Lieblingssport nicht mehr ausüben zu können. Wichtig ist es, ein Bewerbungsschreiben formal und inhaltlich richtig zu gestalten.

***Aufgabe 1***

Manche Märchen lehren einen das Fürchten. – Wir leeren unsere Teller.

Ein Mann kann sich mit einem Frack kleiden. – Man kann auf den Geschmack kommen.

Im Sommer ist das Baden am Meer erfrischend. – Es gibt dort kaum mehr Schatten.

Wir fahren mit dem Rad zur Schule. – Ein guter Rat kann hilfreich sein.

Manche Bücher haben viele Seiten. – Eine Saite meiner Gitarre ist gerissen.

Der Tod kann jeden treffen. – Mein Haustier ist schon seit einem Jahr tot.

Wale sind vom Aussterben bedroht. – Manchmal hat man keine Wahl.

Ich war gestern schwimmen. – Das ist eine wahre Geschichte.

Immer wieder habe ich ein schlechtes Gewissen. – Ich habe wider seinen Willen gehandelt.

## Seite 81

***Aufgabe 1***

***b)*** Karussell
***f)*** parallel
***k)*** Rhythmus

***Aufgabe 2***

***c)*** Des Morgens kommt der Verkehr zum Erliegen.
***e)*** Er kann gut Rad fahren.
***i)*** Meines Wissens gibt es nichts Neues.
***o)*** vier- bis fünfmal

***Aufgabe 3***

Ich denke, dass das Wochenende mit dir sehr schön werden wird.

Für eine schnelle Antwort wäre ich Ihnen sehr dankbar.

Das Unternehmen kann, was es an Gewinn erwirtschaftet, nicht allein behalten.

So ist es bei Vertragsabschluss gut, alle Absprachen schriftlich niederzulegen.

***Aufgabe 4***

Pulver, Konflikt, Publikum, Sprit, Duett, Skizze, Motiv, Konzept, Sekretär

***Aufgabe 5***

b) alles Gute und viel Glück
c) Sie kam heute Morgen.

# Kapitel 8 · Berufliche Kommunikation

## Seite 83

***Aufgabe 2/3***

Foto 1: 8 Uhr, Begrüßung des Auszubildenden durch Frau Schreiber, zeigt ihm Rezeption

Foto 2: 8:30 Uhr, Frau Schreiber zeigt, wie Nachrichten einsortiert werden

Foto 3: 10 Uhr, Gast möchte abreisen, Frau Schreiber erklärt deshalb, wie Rechnung zu machen ist

Foto 4: 11:35 Uhr, Auszubildender erhält telefonische Nachfrage für Zimmerbelegung, reserviert ein Doppelzimmer
Foto 5: (Uhrzeit offen), Gäste fragen nach Weg zum Kunstmuseum, Auszubildender zeigt ihnen Weg auf Stadtplan
Foto 6: (Uhrzeit offen), Auszubildender nimmt Schlüssel von Gästen in Empfang
Foto 7: 16 Uhr, Dienstende

## Seite 84

***Aufgabe 1***

**Muster:**

Tagesbericht vom 15. Februar 200_

Am 15. 02. 200_ begann mein Dienst während meiner Ausbildung im Hotel Sonnenschein. Ich sollte an diesem Tag Einblicke in die vielfältige Arbeit an der Rezeption erhalten. Frau Schreiber, die für mich zuständig war, begrüßte mich um 8 Uhr. Gegen 8:30 Uhr sortierten wir alle Nachrichten in die Fächer der Gäste. Um 10 Uhr wollte ein Gast abreisen. Deshalb erklärte mir Frau Schreiber, wie ich eine Rechnung erstelle. Dann nahm ich um 11:30 Uhr eine Zimmerreservierung telefonisch entgegen. Um 14:25 Uhr beschrieb ich Gästen mithilfe des Stadtplans den Weg zum Kunstmuseum und um 14:30 Uhr nahm ich den Zimmerschlüssel dieser Gäste in Empfang. Um 16 Uhr endete mein Dienst.

## Seite 86

***Aufgabe 1***

**Herr Sonnenschein:** Morgen steht uns ein arbeitsreicher Tag bevor. Es kommen 50 neue Gäste einen Tag früher an. Es handelt sich um Teilnehmer einer Konferenz in unserem Hause. Da die Konferenz schon um 11:30 Uhr beginnt, müssen die erforderlichen Zimmer aber nicht wie üblich um 14 Uhr, sondern schon vier Stunden früher bezugsfertig sein.
**Mitarbeiter** *(durcheinander)*: Oh nee, ja, super, bingo!
**Herr Sonnenschein:** Könnten wir diese Besprechung sachlich führen? Frau Jansen, Sie müssen deshalb morgen um 7 Uhr Ihren Dienst beginnen.
**Frau Jansen:** Oh, ich habe um 7 Uhr einen Arzttermin. Ich bin frühestens um 8 Uhr da.
**Herr Sonnenschein:** Dann übernehmen Sie, Herr Weyers, diesen Dienst.
**Herr Weyers:** In Ordnung.
**Herr Sonnenschein:** Wir brauchen für diese Zusatzbelastung aber noch zusätzliche Kräfte. Frau Hinzen, ich weiß, Sie haben morgen Ihren freien Tag, aber ist es Ihnen möglich, doch zu kommen?
**Frau Hinzen:** Kein Problem.
**Herr Sonnenschein:** Vielen Dank, dann beginnen Sie Ihren Dienst auch um 7 Uhr. Die Gäste müssen im Konferenzraum durchgehend bewirtet werden. Wer übernimmt das?
**Frau Büttner:** Das mache ich.
**Herr Sonnenschein:** In Ordnung, aber lassen Sie sich von einem Auszubildenden helfen.
**Frau Büttner:** Wer steht morgen von den Auszubildenden zur Verfügung?
**Frau Linnich:** Herr Wilms ist in der Berufsschule, Frau Herold hat Urlaub, da bleibt nur Herr Heinen.
**Frau Büttner:** Herr Heinen, bitte kommen Sie morgen um 9 Uhr in den Konferenzraum, damit wir die Vorbereitungen durchführen können. Die Bestuhlung muss verändert werden. Außerdem muss die Funktionstüchtigkeit der Konferenztechnik noch einmal überprüft werden.
**Herr Heinen** *(nickt)*: Soll ich noch etwas mitbringen?
**Frau Büttner:** Nein, das organisiere ich.
**Herr Sonnenschein:** Ansonsten ist Dienst nach Plan. Gibt es noch Fragen?
*(Anwesende schütteln den Kopf.)*
**Herr Sonnenschein:** Ich danke Ihnen für Ihre Einsatzbereitschaft.

***Aufgabe 2***

| Redebeiträge | wichtig | unwichtig |
|---|---|---|
| Morgen steht uns ein arbeitsreicher Tag bevor. | | x |
| Es kommen 50 neue Gäste einen Tag früher an. | x | |
| Es handelt sich um Teilnehmer einer Konferenz in unserem Hause. | x | |
| Da die Konferenz schon um 11:30 Uhr beginnt, müssen die erforderlichen Zimmer aber nicht wie immer um 14 Uhr, sondern schon vier Stunden früher bezugsfertig sein. | x | |
| Oh, nee, ja, super, Bingo! | | x |
| Könnten wir diese Besprechung sachlich führen? | | x |
| Frau Jansen, Sie müssen deshalb morgen um 7 Uhr Ihren Dienst beginnen. | | x |
| Oh, ich habe um 7 Uhr einen Arzttermin. Ich bin frühestens um 8 Uhr da. | x | |
| Dann übernehmen Sie, Herr Weyers, diesen Dienst. | x | |
| In Ordnung. | | x |

***Aufgabe 3***

| | | |
|---|---|---|
| Wir brauchen für diese Zusatzbelastung aber noch zusätzliche Kräfte. | x | |
| Frau Hinzen, ich weiß, Sie haben morgen Ihren freien Tag, aber ist es Ihnen möglich, doch zu kommen? | | x |
| Kein Problem. | | x |
| Vielen Dank, dann beginnen Sie Ihren Dienst auch um 7 Uhr. | x | |
| Die Gäste müssen im Konferenzraum durchgehend bewirtet werden. Wer übernimmt das? | x | |
| Das mache ich. | x | |
| In Ordnung, aber lassen Sie sich von einem Auszubildenden helfen. | x | |
| Wer steht morgen von den Auszubildenden zur Verfügung? | | x |
| Herr Wilms ist in der Berufsschule, Frau Herold hat Urlaub, da bleibt nur Herr Heinen. | | x |
| Herr Heinen, bitte kommen Sie morgen um 9 Uhr in den Konferenzraum, damit wir die Vorbereitungen durchführen können. Die Bestuhlung [...] überprüft werden. | x | |
| Soll ich noch etwas mitbringen? | | x |
| Nein, das organisiere ich. | x | |
| Ansonsten ist Dienst nach Plan. Gibt es noch Fragen? | x | |
| (Anwesende schütteln den Kopf.) | | x |
| Ich danke Ihnen für Ihre Einsatzbereitschaft. | | x |

## Seite 87

***Aufgabe 1***

Ort, Datum, Beginn und Ende der Besprechung, Teilnehmer, Leitung, Protokollschreiber, Thema, Hinweis auf Tagesordnung, Unterschrift des Protokollführers

***Aufgabe 2***

**Muster:**

Ergebnisprotokoll der Dienstbesprechung vom 14.02.200_

**Datum:** 14.02.200_
**Beginn:** 8:00 Uhr
**Ende:** 8:15 Uhr
**Teilnehmer:** Frau Büttner, Herr Heinen, Frau Hinzen, Frau Jansen, Frau Linnich, Herr Sonnenschein, Herr Vogel, Herr Weyers
**Leitung:** Herr Sonnenschein
**Protokollschreiber:** Volker Vogel

**Thema:** Dienstplanänderung

**Tagesordnung:** Einsatzplan für Dienstag, 15.02.200_
Wegen der vorzeitigen Anreise einer Konferenz-Gruppe müssen die Zimmer schon um 10:00 Uhr bezugsfertig sein. Die Konferenz beginnt um 11:30 Uhr.

Daraus ergibt sich der folgende Einsatzplan für den 15.02.:
Frau Büttner übernimmt die Bewirtung der Gäste im Konferenzraum. Der Auszubildende, Herr Heinen, unterstützt bei der Vorbereitung: Veränderung der Bestuhlung und Überprüfen der Konferenztechnik. Sie treffen sich um 9 Uhr im Konferenzraum. Frau Büttner besorgt das Material.
Frau Hinzen beginnt ihren Dienst um 7 Uhr.
Frau Jansen beginnt ihren Dienst frühestens um 8 Uhr (Arzttermin).
Herr Weyers übernimmt für Frau Jansen den 7-Uhr-Dienst.
Für alle anderen Mitarbeiter ist Dienst nach Plan.

Münster, 14.02.200_, *Volker Vogel*

# Abschlussprüfung Deutsch
## Berufsschule Baden-Württemberg

**Arbeitsheft mit Lösungen**

Herausgegeben von
Martina Schulz-Hamann

Erarbeitet von
August-Bernhard Jacobs, Petra Pascher,
Ursula Richter, Martina Schulz-Hamann

Cornelsen

# INHALTSÜBERSICHT

# Schaubild

## Die Aufgabe

- Beschreiben Sie das Schaubild „Heiß geliebte Tiefkühlkost“ und werten Sie seine inhaltlichen Aussagen aus.
- Wie erklären Sie sich, dass der Verbrauch von Tiefkühlkost gestiegen ist?

## Die Aufgabe verstehen

Diese Überlegungen helfen Ihnen, die Aufgabe zu bearbeiten:

- die Aussage des Schaubildes erfassen
- das Zusammenspiel von Diagrammen, Bild- und Textelementen erkennen
- sich mit den Informationen des Schaubildes auseinandersetzen
- den Sachverhalt begründet und schlüssig darlegen

## Die Schaubildanalyse vorbereiten

**1** *Betrachten Sie das Schaubild.*

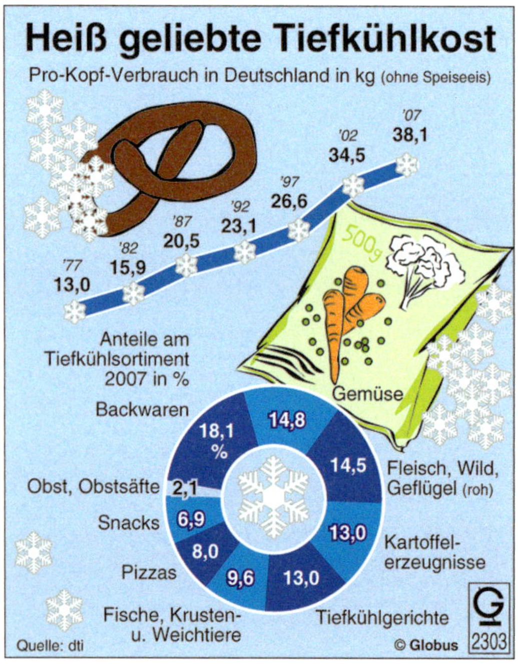


### Das Schaubild verstehen

**1** *Erschließen Sie, worum es in diesem Schaubild geht. Kreuzen Sie die richtige Antwort an.*

- ☐ Was die Deutschen am liebsten essen.
- ☐ Entwicklung des Pro-Kopf-Verbrauchs von Tiefkühlkost in Deutschland.
- ☐ Pro-Kopf-Verbrauch von Tiefkühlkost der Deutschen und prozentuale Aufteilung des Tiefkühlsortiments.
- ☐ Tiefgefrorene Brezeln und tiefgefrorenes Gemüse.
- ☐ Entwicklung des Pro-Kopf-Verbrauchs von Tiefkühlkost in Deutschland und prozentuale Aufteilung des Tiefkühlsortiments.

**2** *Welche Intention ist mit dem Schaubild verbunden?*

______________________________________________________________

**3** *Notieren Sie, auf welchen Zeitrahmen sich das Schaubild bezieht.*

______________________________________________________________

**4** *Beschäftigen Sie sich mit der Quelle und dem Herausgeber des Schaubildes.*

*a)* Notieren Sie die Quelle.

______________________________________________________________

*b)* Was bedeutet die Abkürzung dti? Kreuzen Sie an:

- ☐ Dauertropfinfusion
- ☐ Deutsches Touristikinstitut
- ☐ Deutsches Tiefkühlinstitut
- ☐ Danish Technological Institute

*c)* Informieren Sie sich über den Herausgeber. Halten Sie Ihre Ergebnisse schriftlich fest.

______________________________________________________________

## Basiswissen **Diagramme**

Es gibt verschiedene Arten von Diagrammen.

Kreisdiagramm:

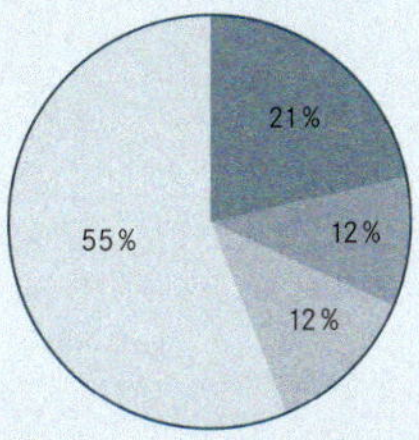


Säulendiagramm:

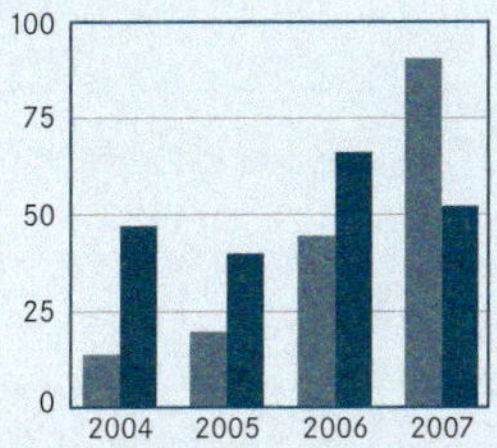


Balkendiagramm:

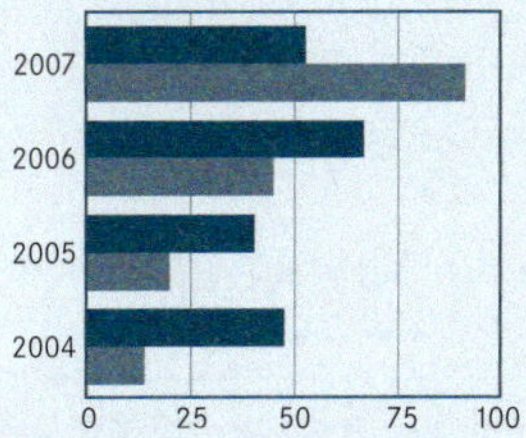


Kurven-/Liniendiagramm:

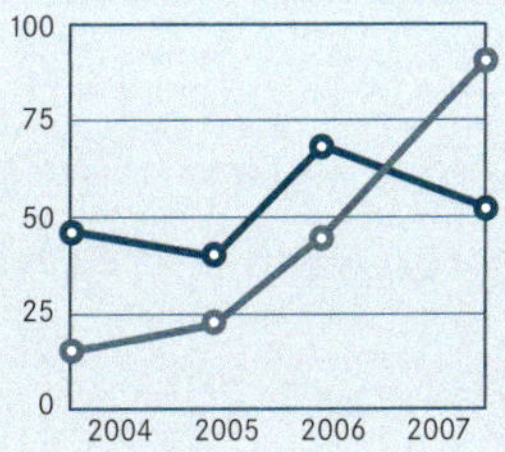


Organigramm:

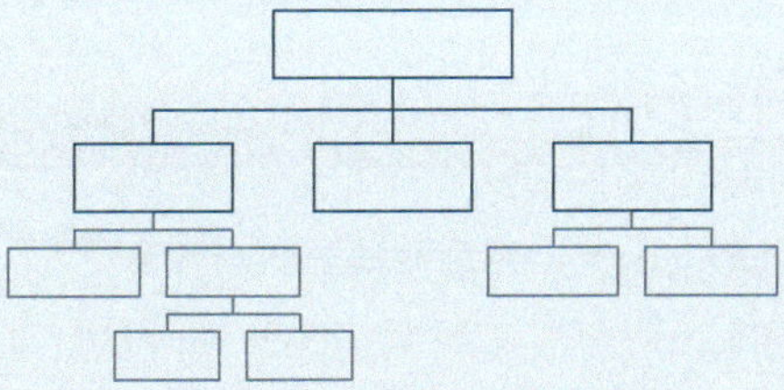

**5** *Notieren Sie die Anzahl und Art der benutzten Diagramme.*

______________________________________________________________

**6** *Untersuchen Sie die Zahlenangaben. Welche Art von Zahlen bzw. Angaben liegen vor?*

______________________________________________________________

## Test

**Lesen Sie die folgenden Aussagen. Begründen Sie, welche mit denen des Schaubildes auf S. 4 übereinstimmen beziehungsweise nicht übereinstimmen.**

Der Verbrauch von Tiefkühlkost ist in den letzten Jahren immer weiter gestiegen.

Vor allem der Verbrauch von Speiseeis ist gestiegen.

2007 wurden in Deutschland 38,1 kg Tiefkühlgerichte verbraucht.

1992 machte Tiefkühlkost 23,1 % der Nahrung in Deutschland aus.

2,1 % des Obstes sind tiefgekühlt.

Den Hauptbestandteil des tiefgekühlten Gemüses bilden Karotten, Blumenkohl und Erbsen.

Backwaren stellen den höchsten und Obst sowie Obstsäfte den geringsten Anteil am Tiefkühlsortiment.

Der Pro-Kopf-Verbrauch wird jeweils nach 5 Jahren neu erfasst.

### Arbeitstechnik – Aussagen eines Diagramms in Worte fassen

Wenn Sie die Aussagen eines Diagramms verbalisieren, sollten Sie darauf achten, Aussagen zu bündeln. Es ist nicht sinnvoll, einzelne Zahlen aneinanderzureihen. Vergewissern Sie sich zudem, ob absolute Zahlen, Prozentzahlen oder Schätzungen vorliegen. Die Anordnung der Aussagen sollte nach einem nachvollziehbaren Prinzip erfolgen. Zudem sollten Sie darlegen, ob Entwicklungen, Vergleiche, Strukturen oder Anteilsverhältnisse einer Gesamtheit aufgezeigt werden.

**7** *Formulieren Sie selbst korrekte Aussagen zu der inhaltlichen Aussage des Schaubildes.*

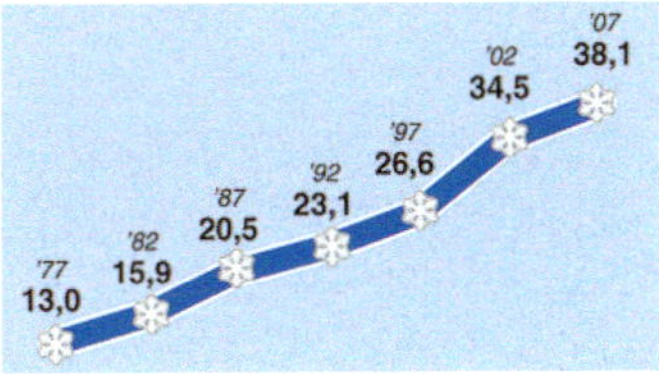


Diagramm 1

___

___

___

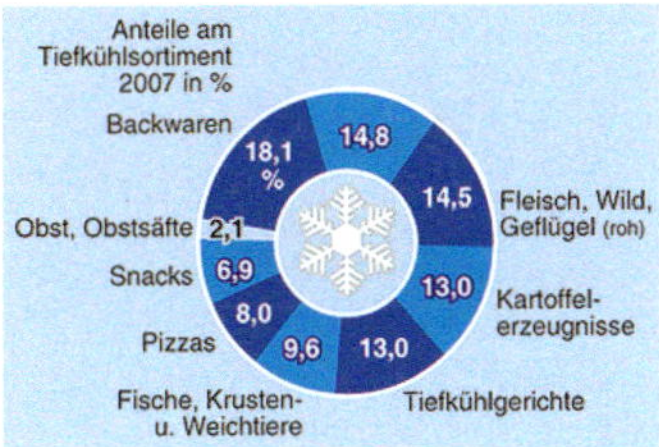


Diagramm 2

___

___

___

## Das Zusammenspiel von Text, Grafik und Bild erkennen

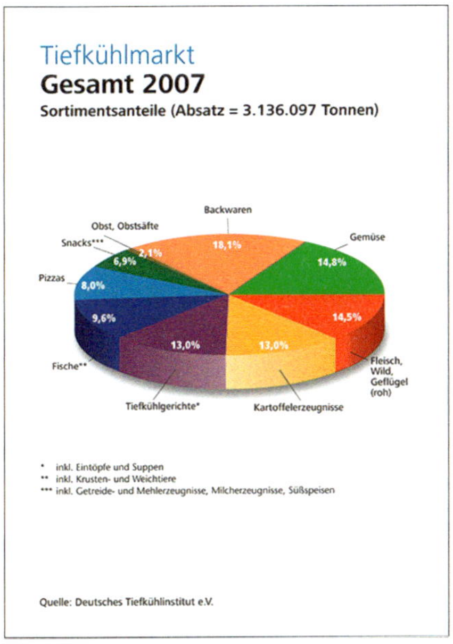


Tiefkühlmarkt Gesamt 2007
Sortimentsanteile
(Absatz = 3.136.097 Tonnen)

Tiefkühlkost in Deutschland
Pro-Kopf-Verbrauch 1977 – 2007
(in Kilogramm, ohne Speiseeis)

http://www.tiefkuehlkost.de/tiefkuehlmarkt/statistiken

**1** *Analysieren Sie die beiden Diagramme auf S. 7.*

*a)* Vergleichen Sie die Aussagen der beiden Diagramme mit denen des Schaubildes auf S. 4. Was fällt auf?

*b)* Legen Sie dar, welchen Vorteil das Schaubild auf S. 4 im Vergleich zu den beiden Diagrammen bietet.

*c)* Vergleichen Sie die Titel. Notieren Sie, welchen Sie für aussagekräftiger halten. Begründen Sie Ihre Aussage.

**2** *Setzen Sie sich mit dem Aufbau des Schaubildes auseinander.*

*a)* Erläutern Sie, inwieweit die Farbwahl zum Thema passt.

*b)* Stellen Sie dar, inwieweit die zeichnerischen Elemente geeignet sind, die Aussagen zu unterstützen.

## Die Schaubildanalyse schreiben

**Arbeitstechnik** **Eine Schaubildanalyse schreiben**

Eine Schaubildanalyse besteht aus den drei Teilen: Einleitung, Hauptteil und Schluss.
Die **Einleitung** sollte Informationen über den Verfasser und/oder die Quelle enthalten, den Erscheinungsort, das Erscheinungsdatum sowie den Titel des Schaubildes.
Das Thema sowie die Art der grafischen Darstellung sind ebenfalls Bestandteile der Einleitung.
Im **Hauptteil** wird eine genaue Beschreibung des Schaubildes gegeben. Es ist sinnvoll, mit der optischen Darstellung zu beginnen. Die darauf folgende inhaltliche Analyse gibt die thematischen Hauptaussagen wieder. Das Zusammenspiel von Text, Grafik und Bild ist darzustellen und zu beurteilen.
Der **Schluss** rundet die Analyse ab. Aspekte, die eventuell zu kurz kamen oder gar nicht erwähnt wurden, können hier benannt werden.

**1** *Schreiben Sie einige Einleitungssätze.*

**Tipp**
Vermitteln Sie die wichtigsten Informationen zu Titel, Herausgeber, Quelle und Thema.

**2** *Notieren Sie, welche Aspekte Sie im vorliegenden Schaubild vermissen.*

**3** *Schreiben Sie die Schaubildanalyse. Benutzen Sie ein gesondertes Blatt Papier.*

## Die Zusatzaufgabe bearbeiten

**1** *Wer kauft Tiefkühlkost?*

*a)* Notieren Sie, warum die Vertreter der abgebildeten Personengruppen sich für Tiefkühlkost aussprechen könnten.

Olli Becker, Azubi, 18 Jahre, eigener Haushalt, Single:

Gabriele Singer, Hausfrau, 35 Jahre, verheiratet, zwei kleine Kinder:

Georg Jochim, Rentner, 72 Jahre, verwitwet:

Suzan Sommerfeld-Ludwig, berufstätig, 45 Jahre, Hobbyköchin:

*b)* Fügen Sie eine weitere Person und ihre Gründe hinzu.

**2** *Betrachten Sie noch einmal die Anteile am Tiefkühlsortiment. Ordnen Sie daraus den genannten Personengruppen Produkte zu.*

**3** *Bringen Sie die Gründe der Käufergruppen in eine sinnvolle, nachvollziehbare Reihenfolge.*

## Schaubildanalyse und Zusatzaufgabe zusammenfügen

**Basiswissen** | **Gliederung des gesamten Aufsatzes**

Der **Hauptteil** enthält die Schaubildanalyse sowie die Bearbeitung der Zusatzaufgabe. Eine Überleitung verbindet die beiden Bestandteile.
Mit der **Einleitung** führen Sie in die Thematik ein, im **Schlussteil** können Sie eine Verbindung dazu herstellen oder weiterführende Aspekte anreißen.

**1** *Erstellen Sie einen Schreibplan für die Einleitung:*

*den Schluss:*

**2** *Schreiben Sie Ihren gesamten Aufsatz, in dem Analyse und Zusatzaufgabe miteinander verknüpft sind.*
Nutzen Sie Ihren Schreibplan sowie die angefertigte Schaubildanalyse. Verwenden Sie dafür ein gesondertes Blatt Papier.

**3** *Überprüfen und überarbeiten Sie Ihren Aufsatz anhand der folgenden Checkliste.*

## Checkliste

### Schaubildanalyse

- ☐ Habe ich Titel (gegebenenfalls Untertitel), Herausgeber und Quelle sowie Erscheinungsjahr angegeben?
- ☐ Habe ich Thema und Aussage(n) des Schaubildes herausgearbeitet?
- ☐ Ist die Diagrammart genannt?
- ☐ Habe ich die Art des Zahlenmaterials erkannt und benannt?
- ☐ Bin ich auf das Zusammenspiel von Grafik, Text und Bild eingegangen?
- ☐ Habe ich die einzelnen Bestandteile sinnvoll zusammengefügt?

### Bearbeitung der Zusatzaufgabe

- ☐ Habe ich mich mit der Aufgabenstellung auseinandergesetzt?
- ☐ Ist die Zusatzaufgabe ausreichend bearbeitet?
- ☐ Ist der Sachverhalt begründet und nachvollziehbar dargestellt?

### Aufbau

- ☐ Habe ich die Arbeit gegliedert?
- ☐ Habe ich sinnvoll zu dem Hauptteil der Arbeit hingeführt und die Arbeit mit einem Schlussteil abgerundet?

### Sprachliche Gestaltung und Form

- ☐ Ist mein Ausdruck klar, verständlich und angemessen?
- ☐ Habe ich meinen Text auf häufige Rechtschreibfehler überprüft?
- ☐ Habe ich Wörter nachgeschlagen, bei deren Schreibweise ich unsicher war?
- ☐ Habe ich Flüchtigkeitsfehler gefunden und korrigiert?
- ☐ Habe ich die Regeln der Zeichensetzung beachtet?
- ☐ Ist die äußere Form meiner gesamten Arbeit ansprechend?
- ☐ Ist meine Schrift gut lesbar?

## Weiterschreiben

Wenn Sie nach einer weiteren Trainingsmöglichkeit für die Schaubildanalyse suchen, befassen Sie sich mit folgender Aufgabe.

- Beschreiben Sie das Schaubild „High-Tech-Pflanzen erobern die Äcker" und werten Sie seine inhaltlichen Aussagen aus.
- Welche Folgen sind mit dem vermehrten Anbau von gentechnisch manipulierten Pflanzen verbunden?

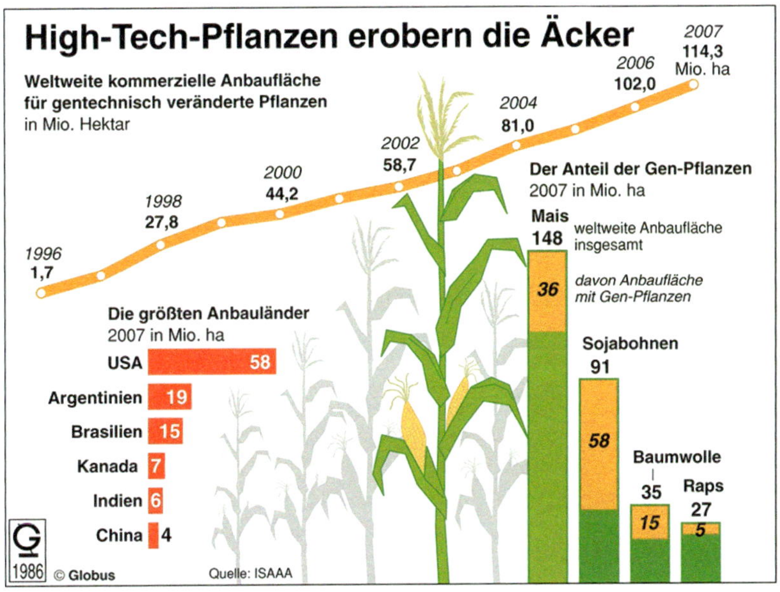

# Grammatik und Stil üben: Steigerung des Adjektivs

Basiswissen **Steigerung des Adjektivs**

Bei Schaubildern werden sehr häufig Vergleiche gezogen. Adjektive lassen durch ihre Steigerung ebenfalls Vergleiche zu.
Neben dem Positiv gibt es zwei weitere Formen: den Komparativ sowie den Superlativ.

**1** *Ergänzen Sie in den folgenden Beispielen die fehlenden Adjektive .*

| Positiv | Komparativ | Superlativ |
|---|---|---|
| hoch | | am höchsten |
| nass | | |
| | | am teuersten |
| total | | |
| | besser angezogen | |
| | | am komfortabelsten |
| enorm | | |
| oft | | |
| | lieber | |
| | mehr | |
| altmodisch | | |
| | entzückender | |
| | weiter | |
| wenig | | |

**2** *Bearbeiten Sie die folgenden Sätze.*

Die Frische der Lebensmittel ist nicht der einzig☐ Vorteil der Tiefkühlkost.

Das sehen Hobbyköche nicht anders☐ als Feinschmecker.

Sie würzt zu scharf. Das ist das Einzig☐, was uns an ihrem Essen missfällt.

Es ist einzig☐ und allein deine Schuld, dass das Essen so spät auf den Tisch kommt. Warum bereitest du nicht auch einmal eines dieser Tiefkühlgerichte zu?

Die sind ganz anders☐ als das, was du uns sonst vorsetzt.

*a)* Vervollständigen Sie – wenn nötig – die Kästchen.

*b)* Leiten Sie eine Regel ab.

______________________________________________

**3** ***Setzen Sie sich mit den folgenden Adjektiven auseinander.***

*a)* Was drückt der erste Teil der Wörter aus?
grundfalsch - todsicher - nagelneu

______________________________________________

*b)* Bilden Sie ähnliche Zusammensetzungen mit den Adjektiven

__________ dunkel, __________ leicht, __________ schön, __________ billig.

**4** ***Deuten Sie den Komparativ in den folgenden Sätzen. Notieren Sie, was genau damit gemeint ist.***

Das Zubereiten der Mahlzeit hat längere Zeit in Anspruch genommen.

______________________________________________

Für den heutigen Einkauf habe ich eine größere Summe ausgegeben.

______________________________________________

Die ältere Frau, die vor mir in der Schlange stand, hat wenig Tiefgekühltes eingekauft.

______________________________________________

**5** ***Formulieren Sie die folgenden Vergleiche grammatikalisch richtig. Setzen Sie „als" oder „wie" richtig ein.***

In den letzten Jahren war der Pro-Kopf-Verbrauch von Tiefkühlkost nicht so hoch _____ heute. Das ist nicht anders _____ vermutet.

Wenn man sich die Zahlen genau anschaut, liegen Backwaren mit fast 20 % an der Spitze. Das ist weit mehr _____ gedacht.

Fische, Krusten- und Weichtiere haben einen Anteil von 9,6 % am Tiefkühlsortiment des Jahres 2007. Das sind 4,9 % weniger, _____ der Anteil von Fleisch, Wild und Geflügel ausmacht.

Einen Platz im Mittelfeld nehmen Tiefkühlgerichte mit 13 % ein. Das ist genauso viel _____ der Anteil von Kartoffelerzeugnissen.

## Mein persönlicher Lerncheck

Schätzen Sie Ihren Lernstand im Hinblick auf die Aufgabe „Eine Schaubildanalyse verfassen" ein. Beziehen Sie auch die Übungen zu Grammatik und Stil mit ein. Schreiben Sie die Vorlage zum Lerncheck von der vorderen Umschlagseite dieses Arbeitsheftes ab und füllen Sie diese aus.

# Stellungnahme ohne Textgrundlage

## Die Aufgabe

Immer mehr Großbetriebe interessieren sich für die Gesundheit ihrer Mitarbeiterinnen und Mitarbeiter. Sie bieten Maßnahmen zur Gesundheitsförderung an. So überprüfen sie das Essen in der Kantine auf Ausgewogenheit, bieten der Belegschaft autogenes Training zum Stressabbau an. Sie organisieren Walking-Treffs oder firmeninterne Fußballturniere, werben bei ihren Mitarbeitern für Raucherentwöhnungskurse oder Aufbautraining für die Rückenmuskulatur.

Ein wichtiger Bestandteil des so genannten betrieblichen Gesundheitsmanagements ist, dass externe Berater die einzelnen Arbeitsplätze überprüfen. So kann festgestellt werden, ob gesundheitsschädigende Bedingungen vorherrschen. Schließlich sollen gesündere und zufriedenere Beschäftigte dem Unternehmen größeren wirtschaftlichen Erfolg bringen.

Ist es sinnvoll, dass ein betriebliches Gesundheitsmanagement angeboten wird? Nehmen Sie Stellung.

## Die Aufgabe verstehen

Diese Überlegungen helfen Ihnen, die Aufgabe zu bearbeiten:

- sich Anlass, Zweck und Adressat der Stellungnahme bewusst machen
- den Sachverhalt erkennen und benennen (Thema)
- sich eine Meinung bilden und den eigenen Standpunkt (These) formulieren
- den eigenen Standpunkt mit überzeugenden Argumenten begründen
- Argumente mit Beispielen, Erläuterungen oder Analogien entfalten
- rhetorische Mittel zur Stärkung der eigenen Position anwenden

## Die Stellungnahme vorbereiten

**1** *Konzentrieren Sie sich auf die Aufgabenstellung und notieren Sie spontan, was Ihnen zu „Gesundheitsförderung am Arbeitsplatz“ einfällt.*

**Tipp**
W-Fragen sind oft hilfreich.
*Beispiel:*
- Welche Bedingungen müssen am Arbeitsplatz vorherrschen, damit die Arbeit nicht krank macht?
- Wer profitiert am ehesten von Gesundheitsprogrammen im Betrieb?
- Warum engagieren sich Unternehmen für die Gesundheit ihrer Belegschaft?
- Welche Folgen bringt dies mit sich?

## Sich eine Meinung bilden

**2** *Was könnten folgende Personen zu dem Thema „Betriebliches Gesundheitsmanagement“ äußern? Schreiben Sie die Äußerungen in direkter Rede in die Sprechblasen. Nutzen Sie die folgende Formulierungshilfe:*

Ich bin der Meinung, dass ... Meiner Meinung nach ... Für mich ... Es ist klar, dass ...

Unternehmer/in:
Für uns ist ganz klar, dass ...

Arzt/Ärztin:

Lagerarbeiter, der viel heben und tragen muss:

Mitarbeiter, der schon lange im Betrieb ist und starkes Übergewicht hat:

Auszubildende, die unter Stress leidet:

**Betriebliches Gesundheitsmanagement**

Mitglied eines Fitnessstudios:

Mitglied des örtlichen Sportvereins:

Vertreter/in einer Krankenkasse:

**3** *Welcher Meinung schließen Sie sich an? Markieren Sie die Äußerungen, mit denen Sie sich identifizieren können.*

## Die Argumentation aufbauen

**Basiswissen** **Argumentation**

Ihre Stellungnahme überzeugt durch schlüssige Argumente, die Ihren Standpunkt (These) begründen. Ihre Argumentation ist dann besonders gelungen, wenn sie sich auf überprüfbare Tatsachen stützt. Stichhaltige Argumente sind schwer zu widerlegen. Ein Argument veranschaulichen Sie, indem Sie es entfalten mit Beispielen, Analogien oder Erläuterungen. Das kann zu einer Folgerung führen, die wieder auf die These verweist.

Beispiel:
**These:** Sport macht auch glücklich und zufrieden,
**Argument:** weil der Neurotransmitter Serotonin erzeugt wird.
**Entfalten des Arguments:** Viele Studien belegen zum Beispiel, dass Menschen mit Depressionen durch ihr Sporttraining und das damit verbundene Mehraufkommen von Serotonin eine bessere Lebensqualität erreichen.
**Folgerung:** Noch viel mehr Menschen müssten sich sportlich betätigen, um einen Ausgleich für einen nicht immer leichten Alltag zu finden.

**4** *Wenden Sie dies auf weitere Argumente an, die für das betriebliche Gesundheitsmanagement sprechen. Ergänzen Sie die folgende Tabelle.*

**These:** Betriebliches Gesundheitsmanagement ist von großer Bedeutung,

| Argument | Entfalten des Arguments |
|---|---|
| *weil eine gesunde Belegschaft auch dem Betrieb zugutekommt.* | *So sinkt nämlich nachweisbar die Zahl der Krankheitstage und die Produktivität eines Unternehmens erhöht sich.* |
| | |
| | |

Um gute Argumente zu finden, hilft es oft, sich in die Gegenposition zu versetzen.

Der Auszubildende Alex S. vertritt die These, dass betriebliche Angebote zur Gesundheitsförderung uninteressant seien. Seine Gegenargumentation beginnt so: „Jeder ist daran interessiert, etwas für seine Gesundheit zu tun. Ich schließe mich da nicht aus. Aber hier ein paar Yogaübungen, dort ein Raucherentwöhnungskurs. Das bringt doch nicht viel. Ich spreche lieber mit meinem Trainer im Fitnessstudio ab, was für mich gut ist. Er stellt mir dann ganz gezielt ein Programm zusammen.
So kann ich ...“

**5** *Schreiben Sie weiter.*

______________________________________________

______________________________________________

______________________________________________

______________________________________________

______________________________________________

______________________________________________

**6** ***Schreiben Sie Argumente, die gegen das betriebliche Gesundheitsmanagement sprechen, in die Übersicht und entfalten Sie Ihre Argumente.***

| Argument | Entfalten des Arguments |
|---|---|
| *Die Unternehmen sollten sich aus Fragen der persönlichen Lebensführung wie Ernährung oder Bewegungsverhalten heraushalten.* | *Ich zum Beispiel gehe regelmäßig joggen und einmal in der Woche zum Yoga. Ich benötige keine Fitnessangebote von meinem Arbeitgeber.* |
| | |

**7** ***Beurteilen Sie die Wirkung der vorliegenden Gedankenführung. Kreuzen Sie an, wie die Argumentation auf Sie wirkt. Begründen Sie Ihre Entscheidung.***

*a)* Betriebliche Angebote zur Gesunderhaltung sollte man abschaffen. Kollegen in ausgeleierten, altmodischen Sportsachen sind kaum auszuhalten.

☐ sehr überzeugend ☐ überzeugend ☐ wenig überzeugend

Begründung: ______________________________________________

*b)* Betriebliches Gesundheitsmanagement hilft, die Beziehung zu Kollegen und Vorgesetzten zu verbessern. Denn viele Probleme ergeben sich vor allem dadurch, dass nicht miteinander geredet wird. Wenn man einmal gemeinsam geschwitzt oder ein sportliches Ziel erreicht hat, fällt die Kommunikation leichter.

☐ sehr überzeugend ☐ überzeugend ☐ wenig überzeugend

Begründung: ______________________________________________

*c)* Gesundheit ist Privatsache. Arbeitgeber sollten kein Geld für Antirauchkurse oder Rückenaufbautraining ausgeben.

☐ sehr überzeugend ☐ überzeugend ☐ wenig überzeugend

Begründung: ______________________________________________

## Sprache und Stil: Argumente einleiten und verknüpfen

**An so genannten Signalwörtern kann man erkennen, ob ein Argument eingeleitet, entfaltet oder eine Folgerung angeknüpft wird (vgl. auch Basiswissen, S. 16).**

| | |
|---|---|
| Argumente können eingeleitet werden mit: | *weil, da, ein Grund / die Ursache dafür ist, denn ...* |
| Argumente können entfaltet werden mit: | *als Beleg lässt sich anführen, so zum Beispiel, nämlich ...* |
| Folgerungen können angeknüpft werden mit: | *demnach, folglich, deshalb, also, sodass, als Konsequenz daraus ergibt sich ...* |

**8** *Prüfen Sie an Ihren Argumentationen (Übersichten S. 16 und 17), ob Argumente und Entfaltungen mit Signalwörtern eingeleitet sind. Markieren Sie Ihre Signalwörter. Ergänzen Sie Signalwörter dort, wo sie Ihrer Meinung nach fehlen.*

Um Ihre Argumente zu einem Text zu verknüpfen, können Sie zum Beispiel folgende Wörter benutzen:

*ein weiteres Argument, ebenfalls, außerdem, darüber hinaus, ein weiterer Punkt, dagegen spricht, zu guter Letzt, zum Schluss ...*

**9** *Verknüpfen Sie Ihre Argumente aus den Übersichten S. 16 und 17 mit geeigneten Wörtern.*

Beispiel:

*Ein betriebliches Angebot zur Gesunderhaltung ist wichtig,* ***denn*** *es ist eine Bereicherung für die Beschäftigten.* ***Außerdem*** *weiß man, dass beispielsweise Sport glücklich und zufrieden macht.*

## Test

**1** *Lesen Sie die beiden folgenden Textabschnitte.*

Betriebliches Gesundheitsmanagement ist für Unternehmen und Belegschaft gleichermaßen interessant. Die Arbeitnehmer fühlen sich gesund und zufrieden und dadurch steigt auch die Leistungsfähigkeit. Dies belegen Umfragen in vielen Betrieben. Folglich ist es sinnvoll, dass viele Betriebe ein Gesundheitsmanagement installieren und daran arbeiten, die Angebotspalette zu vergrößern.

Der Koordinator für das Gesundheitsmanagement im Betrieb spielt eine wichtige Rolle, weil er zum einen der Ansprechpartner für alle Beteiligten ist. Zum anderen initiiert und organisiert er die Maßnahmen. So führt er zum Beispiel Mitarbeiterbefragungen durch und wertet sie aus. Deshalb ist es wichtig, die Besetzung dieses Amtes mit der größtmöglichen Sensibilität vorzunehmen.

**2** *Unterscheiden Sie These, Argument, Entfaltung und Folgerung.*

*a)* Welche These wird jeweils vertreten?

______________________________________________

______________________________________________

______________________________________________

______________________________________________

*b)* Wo werden Argumente, Entfaltungen, Folgerungen formuliert?
Unterstreichen Sie Argumente rot, Entfaltungen grün und Folgerungen blau.
Kreisen Sie die Signalwörter ein.

## Die Stellungnahme schreiben

Ihre Stellungnahme sollten Sie gut gliedern.

**Basiswissen** | **Hauptteil**

Im Hauptteil Ihrer Stellungnahme führen Sie die Argumentation.
Ihre Position zu einem Problem, die Sie als These formuliert haben, erfordert nachvollziehbare Begründungen (Argumente) und Belege (Entfaltungen). Es reicht aus, wenn Sie nur Argumente anführen, die für Ihre These sprechen. Allerdings stärkt es Ihre Position, wenn Sie auch Gegenargumente aufgreifen und diese entschärfen können.
Ihr wichtigstes Argument sollten Sie am Ende Ihrer Argumentation nennen.

**1** *Schreiben Sie die Argumente, die für Ihre These sprechen, folgerichtig auf und beziehen Sie auch These und Argumente der Gegenposition ein. Nehmen Sie ein gesondertes Blatt Papier.*

### Sprache und Stil: Rhetorische Mittel

**Rhetorische Mittel helfen Ihnen, Ihren Standpunkt noch überzeugender darzustellen. Sie machen einen Sachverhalt bildhaft (Metapher, Vergleich), betonen durch Übertreibung (Hyperbel) oder wecken die Aufmerksamkeit der Leserinnen und Leser (rhetorische Frage).**

**Metapher:** Beim Sport kann man einmal richtig Dampf ablassen.
**Vergleich:** Dauerlauf in unserer Sporthalle klingt wie Elefantenrennen.
**Übertreibung (Hyperbel):** In unserem hohen Alter ist Sport einfach unangemessen.
**Rhetorische Frage:** Willst du etwa den Zusammenhang zwischen Gesundheit und Leistungskraft anzweifeln?

**2** *Üben Sie die Anwendung von rhetorischen Mitteln.*

*a)* Ergänzen Sie die folgenden Aussagen mit den entsprechenden rhetorischen Mitteln. Welches rhetorische Mittel passt jeweils?

*ein Tropfen auf den heißen Stein, wie ein sterbender Schwan*

Beim Sport komme ich mir vor ______________________________

Rhetorisches Mittel: ______________________________

Nur zwei Stunden Sport in der Woche sind ______________________________

Rhetorisches Mittel: ______________________________

*b)* Denken Sie sich ein eigenes Beispiel aus und notieren Sie.

______________________________

*c)* Formulieren Sie eine rhetorische Frage.

______________________________

**Basiswissen** | **Einleitung und Schluss**

In einer engagierten Stellungnahme weckt die **Einleitung**, die zum Thema hinführt, das Interesse der Leserinnen und Leser. Dies kann mit einem aktuellen Beispiel, einem persönlichen Erlebnis oder auch mit einem Sprichwort geschehen. Auch mit Umfrageergebnissen oder statistischen Angaben können Sie sinnvoll einleiten. Mit der Formulierung Ihres Standpunktes (These) können Sie zum Hauptteil überleiten.
Im **Schlussteil** wird das Thema mit einem Fazit, das keine neuen Aspekte mehr enthält, abgerundet. Dort ist es möglich, sich wieder auf die Einleitung zu beziehen, eine Vermutung über die zukünftige Entwicklung zu äußern oder einen Appell zu formulieren. Beachten Sie, dass Einleitung und Schluss in einem ausgewogenen Verhältnis zum Hauptteil stehen.

**3** *Formulieren Sie eine Einleitung zum Thema „Betriebliches Gesundheitsmanagement". Legen Sie dabei ein persönliches Erlebnis, ein Sprichwort oder die Aussage einer Statistik zu Grunde.*

______________________________

______________________________

______________________________

Die Einleitung muss sinnvoll mit dem Hauptteil verknüpft werden:

Die Formulierung Ihres Standpunktes (These) ist als Bindeglied zwischen der Einleitung und dem Hauptteil geeignet.

**4** *Notieren Sie, wie ein Überleitungssatz zu dem Thema lauten könnte.*

______________________________________________

______________________________________________

**5** *Schreiben Sie Ihre eigene Stellungnahme mit Einleitung, Hauptteil und Schluss. Benutzen Sie dazu Konzeptpapier.*

**6** *Überprüfen und überarbeiten Sie Ihre Stellungnahme anhand der Checkliste.*

## Checkliste

### Aufbau

- ☐ Ist mein Aufsatz übersichtlich in Abschnitte gegliedert?
- ☐ Sind Einleitung, Hauptteil und Schluss klar voneinander zu unterscheiden?

### Einleitung

- ☐ Habe ich mir Anlass, Zweck und Adressat meiner Stellungnahme bewusst gemacht?
- ☐ Habe ich die Leserinnen und Leser zum Thema hingeführt (z. B. durch ein persönliches Erlebnis, statistische Daten, ein aktuelles Ereignis)?
- ☐ Ist meine Einleitung kurz und prägnant?
- ☐ Habe ich einen Überleitungssatz zum Hauptteil formuliert?

### Hauptteil und Argumentation

- ☐ Begründen meine Argumente überzeugend meinen Standpunkt?
- ☐ Habe ich genügend Argumente angeführt?
- ☐ Veranschaulichen (entfalten) Beispiele, Erläuterungen oder Analogien meine Argumente?
- ☐ Ist die Anordnung meiner Argumente schlüssig?
- ☐ Wird das wichtigste Argument als Letztes angeführt?
- ☐ Verdeutlichen Signalwörter Argumente, Entfaltungen und Folgerungen?
- ☐ Habe ich rhetorische Mittel angewandt, um meine Position stärker auszudrücken?

### Schluss

- ☐ Habe ich den Schluss deutlich eingeleitet?
- ☐ Rundet ein Fazit meine Stellungnahme ab?

### Sprache und Stil, Rechtschreibung, Zeichensetzung, äußere Form

- ☐ Ist der Ausdruck klar, verständlich und angemessen?
- ☐ Habe ich meine Sätze sinnvoll und grammatikalisch richtig verknüpft?
- ☐ Habe ich auf Umgangssprache und Abkürzungen verzichtet?
- ☐ Habe ich meine Arbeit auf die Rechtschreibfehler überprüft, die ich am häufigsten mache?
- ☐ Habe ich meine Flüchtigkeitsfehler korrigiert?
- ☐ Habe ich die Wörter nachgeschlagen, bei deren Rechtschreibung ich unsicher war?
- ☐ Habe ich die Regeln der Zeichensetzung beachtet?
- ☐ Ist die äußere Form meiner Stellungnahme ansprechend?
- ☐ Ist meine Schrift gut lesbar?

## Grammatik und Stil üben: Sätze verknüpfen

Die Arbeitsbedingungen sind nicht einfach. Der größte Konkurrent hat die Preise gesenkt. Viele Kunden haben schon gewechselt. Die Belegschaft muss mehr arbeiten als bisher. Der Arbeitsdruck hat zugenommen. Kollegen leiden unter Stress-Symptomen. Die Angst um den Arbeitsplatz ist bei allen sehr groß. Viele kommen auch krank zur Arbeit. Sie kurieren sich nicht aus. Keiner will negativ auffallen.

**1** *Notieren Sie, wie diese Sätze auf Sie wirken.*

___

**2** *Kreuzen Sie an, um welche der beiden Satzformen es sich bei allen Sätzen handelt.*

☐ einfacher Satz ☐ zusammengesetzter Satz

### Basiswissen – Satzgefüge

Viele Sätze lassen sich miteinander verknüpfen. Dafür gibt es zwei Möglichkeiten. Eine davon ist das Satzgefüge: die Verknüpfung zwischen Hauptsatz und Nebensatz. Der Nebensatz kann vor oder nach dem Hauptsatz stehen. Bisweilen kann er auch in den Hauptsatz eingeschoben werden.
Konjunktionen machen die Verbindung zwischen einem Hauptsatz und einem Nebensatz möglich.

(Hauptsatz) Die Arbeitsbedingungen sind nicht einfach. (Hauptsatz) Der größte Konkurrent hat die Preise gesenkt.

(Hauptsatz) Die Arbeitsbedingungen sind nicht einfach, (Konjunktion) weil (Nebensatz) der größte Konkurrent die Preise gesenkt hat.

(Konjunktion) Weil (Nebensatz) der größte Konkurrent die Preise gesenkt hat, (Hauptsatz) sind die Arbeitsbedingungen nicht einfach.

**Tipp**
Konjunktionen, die einen Nebensatz einleiten:
- weil
- nachdem
- als
- obwohl
- wenn
- damit
- sodass ...

**3** *Untersuchen Sie verschiedene Satzgefüge.*

*a)* Unterstreichen Sie die gebeugten Verben im Hauptsatz und im Nebensatz.
Was fällt Ihnen auf?

___

*b)* Bilden Sie selbst aus den zwei folgenden einfachen Sätzen ein Satzgefüge. Kreisen Sie die Konjunktion ein, die den Nebensatz einleitet, und unterstreichen Sie die gebeugten Verben in den Teilsätzen.

*Die Ausgaben der Krankenkassen klettern in die Höhe. Die Anzahl der Behandlungen und deren Kosten sind gestiegen.*

**Basiswissen** **Satzreihe**

Eine weitere Möglichkeit der Verknüpfung von Sätzen ist die Verbindung von zwei Hauptsätzen (Satzreihe).

Beispiel:
*Die Ausgaben der Krankenkassen klettern in die Höhe, denn die Anzahl der Behandlungen und deren Kosten sind gestiegen.*

**Tipp**
Konjunktionen/Konjunktionaladverbien, die Hauptsätze verbinden:
*und, darum, denn, aber, trotzdem ...*

**4** ***Setzen Sie sich mit Satzreihen auseinander.***

*a)* Unterstreichen Sie die gebeugten Verben in beiden Teilsätzen des Beispielsatzes. Was fällt Ihnen im Vergleich zum Satzgefüge auf?

*b)* Bilden Sie selbst aus den folgenden zwei Sätzen eine Satzreihe. Kreisen Sie dann die Konjunktion ein, die den zweiten Hauptsatz einleitet, und unterstreichen Sie die gebeugten Verben.

*Einzelmaßnahmen zur Gesundheitsförderung bringen nicht allzu viel. Ein ganzheitliches Gesundheitsmanagement muss angestrebt werden.*

__________________________________________________

__________________________________________________

**5** ***Verknüpfen Sie möglichst viele Sätze aus dem Text (S. 22) so, dass sinnvolle Satzgefüge und Satzreihen entstehen. Die Konjunktionen aus den Tipps in den Randspalten helfen Ihnen dabei.***

__________________________________________________

__________________________________________________

__________________________________________________

__________________________________________________

**6** ***Vergleichen Sie die Sätze im Ausgangstext mit den von Ihnen verknüpften Sätzen. Beurteilen Sie die Wirkung.***

**7** ***Betrachten Sie den folgenden Textauszug.***

*a)* Was fällt Ihnen auf?

Schon oft waren Jugendliche dazu aufgerufen worden, dass sie Sport treiben sollten, vor allem dann, wenn sie ohnehin zu Übergewicht neigten und über Rückenschmerzen klagten, die stärker wurden, wenn sie sehr lange vor dem Fernseher oder dem Computer saßen, sodass sie ständig den Arzt aufsuchen mussten.

*b)* Entflechten Sie den Schachtelsatz. Überlegen Sie, wo ein Satz beendet sein und ein neuer beginnen könnte. Achten Sie auf eine sinnvolle Satzverknüpfung.

---

---

## Basiswissen **Relativsatz/Attributsatz**

Nebensätze können auch mit einem Relativpronomen eingeleitet werden.
Man nennt sie Relativsätze (ihrer Einleitung nach) oder Attributsätze (ihrem Inhalt nach). Das Relativpronomen bezieht sich auf ein Nomen im vorangegangenen Teilsatz.
Verwechseln Sie die Schreibweise des Relativpronomens „das" nicht mit der Konjunktion „dass".

Hauptsatz — Konjunktion — Nebensatz

Mein Zigarettenkonsum ist ein großes Problem, das ich endlich mit Hilfe dieses Entwöhnungsprogramms in den Griff bekommen möchte.

**Tipp**
Das Relativpronomen „das" kann ersetzt werden durch „welches". Die Konjunktion „dass" kann nicht ersetzt werden.

**8** ***Verwandeln Sie die folgenden Satzpaare jeweils in ein Satzgefüge:***

*a)* Formen Sie den zweiten Hauptsatz in einen Relativsatz um und verknüpfen Sie ihn mit dem ersten Hauptsatz.

*b)* Kreisen Sie das Relativpronomen ein, kennzeichnen Sie das Nomen, auf das es sich bezieht, unterstreichen Sie das gebeugte Verb im Relativsatz und achten Sie auf die Kommasetzung.

Beispiel:
*Das Buch über Entspannungstechniken ist sehr interessant. Das Buch habe ich mir in der Bibliothek ausgeliehen.*

*Das* ***Buch*** *über Entspannungstechniken,* ***das*** *ich mir in der Bibliothek ausgeliehen habe, ist sehr interessant.*

Mein Freund hat es auch schon gelesen. Mein Freund besucht mit mir die Berufsschule.

---

---

Meine Arbeitskollegin hat heute schicke Sportschuhe an. Sie hat sie gestern gekauft.

---

---

## Mein persönlicher Lerncheck

Schätzen Sie Ihren Lernstand ein in Hinblick auf die Aufgabe „Nehmen Sie Stellung zu dem betrieblichen Gesundheitsmanagement“. Beziehen Sie auch die Übungen zu Grammatik und Stil mit ein. Schreiben Sie die Vorlage zum Lerncheck von der vorderen Umschlagseite dieses Arbeitsheftes ab und füllen Sie sie aus.

## Weiterschreiben

**1** ***Wenn Sie nach einer weiteren Trainingsmöglichkeit für die Aufsatzform „Stellungnahme“ suchen, bearbeiten Sie folgende Aufgabenstellung:***

Die Musik in Diskotheken ist oft übermäßig laut. Es gibt Überlegungen, diese Lautstärke gesetzlich zu beschränken.

Nehmen Sie dazu Stellung.

# Visualisierung

## Die Aufgabe

- Visualisieren Sie die wesentlichen Aussagen des Textes.
- Eurofound ist eine europäische Stiftung zur Verbesserung der Lebens- und Arbeitsbedingungen. Erläutern Sie, was Sie unter guten Lebens- und Arbeitsbedingungen verstehen.

## Die Aufgabe verstehen

Diese Überlegungen helfen Ihnen, die Aufgabe zu bearbeiten:
- den Inhalt des Textes verstehen
- seine Aussage erkennen und darstellen
- sich mit einem Sachverhalt auseinandersetzen
- Visualisierungstechniken anwenden
- den Sachverhalt begründet und schlüssig darlegen

## Die Visualisierung vorbereiten

**1** *Lesen Sie den Text.*

### Lange Wochenarbeitszeit, aber auch langer Urlaub

*Die Deutschen arbeiten nach einer neuen EU-Studie durchschnittlich 41,1 Stunden in der Woche – mehr als der EU-Durchschnitt von 40 Stunden. Nach der Jahresarbeitszeit landen die Deutschen aber auf dem viertletzten Platz der EU.*

Now. BRÜSSEL, 15. September. In Bulgarien und Rumänien arbeiten Beschäftigte im Durchschnitt wöchentlich 41,7 Stunden [...]. Dies geht aus einem jetzt vorgelegten Vergleich der Europäischen Beobachtungsstelle für Entwicklung der Arbeitsbeziehungen (Eiro) hervor, die seit 1997 der in Dublin ansässigen Europäischen Stiftung zur Verbesserung der Lebens- und Arbeitsbedingungen (Eurofound) angegliedert ist. Deutschland liegt demnach mit einer durchschnittlichen effektiven Arbeitszeit von 41,1 Stunden in der Woche an sechster Stelle der Rangliste der 27 EU-Staaten – deutlich über dem EU-Durchschnittswert von 40 Stunden.

Die EU-Beobachtungsstelle warnt in ihrem Bericht jedoch vor voreiligen Schlüssen. Ein zuverlässiger Vergleich werde dadurch erschwert, dass es von Land zu Land große Unterschiede in der Berechnung der tatsächlichen Arbeitszeit gebe. So sei in vielen Ländern die jährliche Arbeitszeit für die Berechnung maßgeblich; schwierig werde der Vergleich auch, wenn Urlaubszeiten, Überstunden sowie Teilzeitbeschäftigungsverhältnisse mitberücksichtigt werden, bemerken die Verfasser der Eiro-Studie, deren Zahlen sich auf das vierte Quartal des Jahres 2007 beziehen.

So zeigt die Studie ein anderes Bild, wenn man die tariflich vereinbarten Arbeitszeitregelungen unter Berücksichtigung des bezahlten Jahresurlaubs und der gesetzlichen Feiertage für einen EU-Vergleich zugrunde legt. Die durchschnittliche jährliche Arbeitszeit betrug demnach in den EU-Ländern rund 1743 Stunden. In Estland und Rumänien lag sie mit jeweils 1856 Stunden am höchsten.

Nur 1568 Stunden im Jahr betrug sie in Frankreich, [...]. Deutschland lag in der EU-Rangliste mit einer jährlichen Arbeitszeit von knapp 1651 Stunden an viertletzter Stelle, dahinter kamen Dänemark (1635 Stunden) und Schweden (1620 Stunden).

Allerdings relativieren die Autoren der Eiro-Studie die Aussagekraft dieser Zahlen mit dem Hinweis auf die geringe Tarifbindung in den zwölf neuen Mitgliedstaaten, die in den Jahren 2004 und 2007 der EU beigetreten sind. Durchschnittlich gebe es dort nur für rund 40 Prozent der Arbeitnehmer tarifvertragliche Regelungen, während der Anteil in den 15 alten EU-Ländern bei rund 75 Prozent liege.

Auch in den neuen Mitgliedstaaten übersteigt die tariflich festgelegte wöchentliche Arbeitszeit nirgendwo 40 Stunden. Mit durchschnittlich 39,7 Stunden liegt sie jedoch nach wie vor deutlich über dem Durchschnittswert von 37,9 Stunden für die 15 alten Länder. Die Studie zeigt, dass sich das Gefälle zwischen neuen und alten Mitgliedsländern zuletzt kaum verringert hat. Dass in Deutschland die tariflich vereinbarte wöchentliche Arbeitszeit seit 2006 von 37,7 auf 37,6 Stunden leicht gesunken ist, erklärt sich durch die spezifischen Regeln für Ostdeutschland.

Länger als die tariflich festgelegten Arbeitszeiten sind die tatsächlich geleisteten. Die Übersicht von Eiro dazu bestätigt das fortbestehende Gefälle zwischen alten und neuen Mitgliedstaaten. Weniger als die für die EU insgesamt als Durchschnittswert ermittelten 40 Wochenstunden arbeiten in den Beitrittsländern lediglich Slowaken (39,9 Stunden) und Zyprer (39,1 Stunden). In den alten EU-Ländern verbringen nur Briten mit 41,4 Stunden sowie Deutsche und Österreicher mit jeweils 41,1 Stunden mehr Zeit als der EU-Durchschnitt am Arbeitsplatz. [...]

Der gesetzlich garantierte Mindesturlaub reicht von 20 Tagen (in 18 Mitgliedstaaten) bis 25 Tage (in fünf Mitgliedstaaten), bei den tariflichen Vereinbarungen steht Schweden mit jährlich 33 Urlaubstagen an der Spitze. Dahinter folgen Dänemark und Deutschland mit 30 Tagen, während Esten und Zyprer nur einen tariflichen Anspruch auf 20 Tage bezahlten Urlaub im Jahr haben.

[...]

*Frankfurter Allgemeine Zeitung, 16. September 2008*

## Den Text verstehen

**1** *Formulieren Sie das Thema des Textes in einem Satz.*

______________________________

**Tipp**
Die 5-Schritt-Lesetechnik, die Sie auf der Umschlagseite dieses Arbeitsheftes finden, hilft Ihnen, den Text zu verstehen.

**2** *Erklären Sie folgende Äußerungen aus dem Textzusammenhang. Schlagen Sie anschließend die einzelnen Begriffe im Wörterbuch nach.*

voreilige Schlüsse (Z. 10 f.) ______________________________

die Aussagekraft relativieren (Z. 27) ______________________________

spezifische Regeln (Z. 39) ______________________________

fortbestehendes Gefälle (Z. 42) ______________________________

**3** *Markieren Sie das Synonym für „effektive Arbeitszeit“ (Z. 7), das im Text vorkommt.*

______________________________________________________________________

**4** *Die Europäische Union wächst. Immer mehr Länder kommen hinzu.*

*a)* Notieren Sie, in welche zwei Gruppen die Studie die EU-Länder einteilt.

| | |
|---|---|

*b)* Ordnen Sie die im Ausgangstext genannten Länder der jeweiligen Gruppe zu.

| | |
|---|---|
| | |
| | |
| | |
| | |
| | |

*c)* Ergänzen Sie die beiden Gruppen über den Text hinaus.

| | |
|---|---|
| | |
| | |
| | |
| | |
| | |
| | |
| | |
| | |

**Tipp**
Informieren Sie sich unter www.eu.com

**5** *In dem Text gibt es drei Begriffe, bei denen das Wort „Tarif“ vorkommt.*

*a)* Notieren Sie diese und halten Sie deren Bedeutung schriftlich fest.

______________________________________________________________________

______________________________________________________________________

*b)* Schreiben Sie über den Text hinaus weitere Begriffe mit diesem Wort auf.

______________________________________________________________________

______________________________________________________________________

______________________________________________________________________

**6** *Im Text wird zwischen tatsächlich geleisteten und tariflich vereinbarten Arbeitszeiten unterschieden. Welche sind für Arbeitnehmer günstiger?*

______________________________

**7** *Erschließen Sie den Aufbau und Inhalt des Textes.*

*a)* Formulieren Sie für jeden Textabschnitt den inhaltlichen Schwerpunkt. Notieren Sie diesen neben dem Text am Rand.

*b)* Formulieren Sie Fragen zu dem Text.

*c)* Beantworten Sie diese Fragen.

> **Tipp**
> W-Fragen sind hilfreich, um den Text zu erschließen, z. B.: Wer? Was? Wo? Wann? Welche Ergebnisse ...?

______________________________

______________________________

______________________________

______________________________

## Test

**1** *Kreuzen Sie die jeweils zutreffende Aussage an.*

| | ja | nein | keine Aussage möglich |
|---|---|---|---|
| a) Rumäniens Arbeitnehmer arbeiten wöchentlich und jährlich am längsten. | | | |
| b) Die wöchentliche Arbeitszeit der Österreicher liegt unter dem EU-Durchschnitt. | | | |
| c) Schwedische Arbeitnehmer haben den meisten Urlaub. | | | |
| d) In den alten EU-Ländern sind im Gegensatz zu den neuen 20% mehr Arbeitnehmer tariflich gebunden. | | | |
| e) Zwischen alten und neuen EU-Ländern bestehen große Unterschiede. | | | |
| f) In Frankreich müssen laut Tarifvertrag Arbeitnehmer 35 Stunden in der Woche arbeiten. | | | |
| g) Bei der Jahresarbeitszeit liegen deutsche Arbeitnehmer auf dem zweitletzten Platz in der EU. | | | |
| h) Eurofound ist in Dublin beheimatet. | | | |
| i) Zwischen 2004 und 2007 sind 15 Staaten Mitglieder der EU geworden. | | | |
| j) Der Umfang des gesetzlich garantierten Mindesturlaubs ist in Großbritannien und Estland gleich. | | | |
| k) Die tariflich geregelte durchschnittliche Wochenarbeitszeit unterscheidet sich zwischen den alten und neuen EU-Staaten um fast 2 Stunden. | | | |
| l) In Deutschland liegt die durchschnittliche Wochenarbeitszeit über und die durchschnittliche jährliche Arbeitszeit unter dem EU-Durchschnitt. | | | |

# Die Visualisierung anfertigen

**Basiswissen** | **Visualisierung eines Textes**

Informationen eines Textes lassen sich grafisch darstellen.
Es gibt verschiedene Möglichkeiten der Visualisierung:

**Mindmap:** Zusammenhänge werden durch Ober- und Unterbegriffe verdeutlicht.
**Strukturbild:** Es stellt Zusammenhänge her, so können zum Beispiel Ursachen, Folgen und/oder Lösungswege eines Sachverhalts dargestellt werden.
**Schaubild:** Eine spezielle Form von Schaubildern sind **Diagramme**. Zu unterscheiden ist zwischen verschiedenen Arten:
**Kreisdiagramm:** Es vermittelt Anteilsverhältnisse einer Gesamtheit. Es wird unübersichtlich, wenn zu viele Aspekte visualisiert werden.
**Säulen-/Balkendiagramm:** Es vermittelt einen Eindruck von Größenverhältnissen, die im Vergleich dargestellt werden. In Balkendiagrammen werden Daten durch liegende Balken, in Säulendiagrammen durch senkrecht stehende Säulen dargestellt.
**Kurven-/Liniendiagramm:** Es zeigt Entwicklungsverläufe in einem zeitlichen Rahmen.
**Organigramm:** Es stellt Strukturen dar; organisatorische Einheiten sowie die Aufgabenverteilung und Kommunikationsbeziehungen werden ersichtlich.

**1** *Kreuzen Sie an, worüber der Text in erster Linie informiert.*

- ☐ Anteilsverhältnisse einer Gesamtheit
- ☐ Entwicklungsverläufe
- ☐ Ursachen und Folgen eines Sachverhalts
- ☐ Größenverhältnisse im Vergleich
- ☐ Aufgabenverteilungen

**2** *Notieren Sie die Diagrammart, die sich am besten für eine Visualisierung dieser Informationen eignet.*

______________________________

**3** *Beschäftigen Sie sich mit dem thematischen Schwerpunkt „tatsächlich geleistete wöchentliche Arbeitszeit".*

*a)* Notieren Sie Aussagen, die dazu aus dem ersten Abschnitt entnommen werden können.

______________________________

______________________________

______________________________

*b)* Überprüfen Sie, ob in den anderen Abschnitten weitere Aussagen dazu enthalten sind. Ergänzen Sie, falls nötig.

______________________________

______________________________

*c)* Fertigen Sie für diesen thematischen Schwerpunkt ein Diagramm an. Nutzen Sie die Rechenkästchen für das Diagramm.

**4** *Erstellen Sie ein Diagramm für die Thematik „Jahresarbeitszeit". Gehen Sie wie bei dem ersten Schwerpunkt vor. Sammeln Sie die einzelnen Aussagen auf einem gesonderten Blatt Papier.*

**5** *Die Abschnitte 3, 4 und 6 erhalten weitere Informationen. Überlegen Sie, was Sie wie festhalten können. Fertigen Sie die Ausarbeitung an.*

## Die einzelnen Bestandteile zusammenfügen

**Arbeitstechnik** **Vom Einzelnen zum Ganzen kommen**

Die einzelnen Visualisierungen müssen zu einem einheitlichen Schaubild zusammengefügt werden. Dabei ergänzen Sie zunächst noch folgende Informationen:
- Titel, Untertitel
- Quelle
- Herausgeber/Erscheinungsdatum
- Art des Zahlenmaterials (absolute Zahlen / Prozentzahlen / Schätzungen)

Sie sollten sich auch genau überlegen, wie Sie die Informationen zusammenfügen, was Sie mehr hervorheben und betonen oder eher in den Hintergrund stellen wollen.
Die Anordnung muss mit der Aussage des Textes übereinstimmen. Sie können auch mit Farben und Symbolen arbeiten. Achten Sie darauf, dass die Symbolik die Aussage unterstützt. Malen Sie keine Bilder. Gehen Sie eher sparsam mit zeichnerischen Elementen um.

**1** *Verbinden Sie die einzelnen Visualisierungen zu einem Schaubild.*

*a)* Notieren Sie zunächst, welcher inhaltliche Zusammenhang zwischen ihnen besteht.

___

*b)* Analysieren Sie, ob der Verfasser des Ausgangstextes eher informative oder appellative Absichten hat.

___

*c)* Formulieren Sie einen passenden Titel. Suchen Sie gegebenenfalls auch einen Untertitel.

___

___

**Tipp**
Achten Sie darauf, dass der Titel den inhaltlichen Zusammenhang der einzelnen Diagramme berücksichtigt sowie der Intention des Verfassers des Ausgangstextes gerecht wird.

*d)* Benennen Sie die Quelle der vorgestellten Ergebnisse.

___

*e)* Notieren Sie, welche Art von Zahlenmaterial vorliegt.

___

**2** *Fügen Sie die einzelnen Elemente des Schaubildes zusammen. Fertigen Sie die Visualisierung an. Verwenden Sie dazu ein gesondertes Blatt Papier.*

## Zusatzaufgabe lösen

**1** *Bei der Urlaubsregelung stehen Schweden, Dänemark und Deutschland an der Spitze – weit vor den anderen EU-Ländern. Erläutern Sie, warum dies so ist.*

**2** *Zeigen Sie auf, welche Angaben Sie in dem vorliegenden Artikel über die europäischen Arbeitszeiten vermissen.*

**3** *„Leben, um zu arbeiten." – „Arbeiten, um zu leben." Erklären Sie, was jeweils gemeint ist.*

**4** *Notieren Sie Aspekte, die Sie mit „guter" beziehungsweise „schlechter" Arbeit verbinden.*

Beispiel:

| **positiv** | **negativ** |
|---|---|
| abwechslungsreiche Arbeit | stupide Arbeit |
| | |
| | |
| | |
| | |
| | |

**5** *Erläutern Sie, was Sie unter guten Lebens- und Arbeitsbedingungen verstehen. Benutzen Sie dazu ein gesondertes Blatt Papier.*

**6** *Überprüfen und überarbeiten Sie die gesamte Arbeit anhand der Checkliste.*

# Checkliste

**Visualisierung**

- ☐ Habe ich die passende Visualisierungsform ausgewählt?
- ☐ Ist die Art des Zahlenmaterials korrekt wiedergegeben?
- ☐ Wird mein Titel der Intention des Textes gerecht?
- ☐ Habe ich die Quelle angegeben?
- ☐ Habe ich die einzelnen Bestandteile sinnvoll zusammengefügt?
- ☐ Habe ich Farben und Symbole in einem angemessenen (eher sparsamen) Maße benutzt?

**Bearbeitung der Zusatzaufgabe**

- ☐ Habe ich im Präsens geschrieben?
- ☐ Belege ich meine Aussagen?
- ☐ Habe ich beim indirekten Zitieren den Konjunktiv verwendet?
- ☐ Habe ich mich mit der Aufgabenstellung auseinandergesetzt?
- ☐ Ist die Zusatzaufgabe ausreichend bearbeitet?
- ☐ Ist der Sachverhalt begründet und nachvollziehbar dargestellt?

**Sprachliche Gestaltung und Form**

- ☐ Ist mein Ausdruck klar, verständlich und angemessen?
- ☐ Habe ich alles Geschriebene auf häufige Rechtschreibfehler überprüft?
- ☐ Habe ich Wörter nachgeschlagen, bei deren Schreibweise ich unsicher war?
- ☐ Habe ich Flüchtigkeitsfehler gefunden und korrigiert?
- ☐ Habe ich die Regeln der Zeichensetzung beachtet?
- ☐ Ist die äußere Form meiner gesamten Arbeit ansprechend?
- ☐ Ist meine Schrift gut lesbar?

# Grammatik und Stil üben: indirekte Rede

## Basiswissen – **Direkte und indirekte Rede**

Es kann sein, dass Sie zur Beantwortung der Zusatzaufgabe auf den Text zurückgreifen möchten, den Sie bereits visualisiert haben. Vielleicht können einige Aussagen dieses Textes Ihre Argumentation stützen oder veranschaulichen. Dann zitieren Sie üblicherweise in der indirekten Rede. Das Verb, das Sie in der indirekten Rede verwenden, steht in der Regel im Konjunktiv I.
Personal- und Possessivpronomen verändern bei der indirekten Rede die Personalform. Auch die Zeichensetzung ändert sich.

Der Redakteur informiert: „Ich **bin** mit meinem Artikel über die Studie noch nicht zufrieden."

↑ Personalpronomen ↑ Possessivpronomen ↓

Der Redakteur informiert, er **sei** mit seinem Artikel über die Studie noch nicht zufrieden.

Konjunktiv I

Wenn Sie das Zitat mit der Konjunktion „dass" einleiten, kann das Verb auch im Indikativ stehen.

Indikativ Konjunktion

Der Redakteur informiert, dass er mit seinem Artikel noch nicht zufrieden ist.
Der Redakteur informiert, dass er mit seinem Artikel noch nicht zufrieden sei.

Der Konjunktiv I wird ausgehend vom Präsens Indikativ gebildet. Das Verb „sein" bildet mit seinen Konjunktivformen „sei" und „wäre" eine Ausnahme.

**Wann steht der Konjunktiv II?**

Wenn die Form des Konjunktivs I mit der des Präsens Indikativ übereinstimmt, nutzt man den Konjunktiv II oder umschreibt mit einer Form von „würden".

Übereinstimmung

Die Politiker meinen, sie **(nehmen)** die Ergebnisse der aktuellen Studie als Grundlage für die nächste Sitzung.

Konjunktiv II

Die Politiker meinen, sie **nähmen** die Ergebnisse der aktuellen Studie als Grundlage für die nächste Sitzung.

Umschreibung mit „würden"

Die Politiker meinen, sie **würden** die Ergebnisse der aktuellen Studie als Grundlage für die nächste Sitzung **nehmen**.

Der Konjunktiv II wird ausgehend vom Präteritum Indikativ gebildet.

In dem FAZ-Zeitungsartikel (S. 26) zitiert der Autor die EU-Behörde folgendermaßen:

„Die EU-Beobachtungsstelle warnt in ihrem Bericht jedoch vor voreiligen Schlüssen. Ein zuverlässiger Vergleich werde dadurch erschwert, dass es von Land zu Land große Unterschiede in der Berechnung der tatsächlichen Arbeitszeit gebe". (Z. 10)

**1** *Analysieren Sie den Nebensatz*

*a)* Unterstreichen Sie den Nebensatz. Bestimmen Sie den Modus des Verbes.

*b)* Schreiben Sie den Nebensatz in der anderen möglichen Variante auf.

______________________________________

______________________________________

**2** *Wandeln Sie dieses Zitat in die direkte Rede um. Achten Sie auch auf die Zeichensetzung.*

*Die EU-Beobachtungsstelle warnt* ______________________________________

______________________________________

**3** ***Suchen Sie weitere Sätze in der indirekten Rede und wandeln Sie diese ebenfalls um.***

**4** ***Beschäftigen Sie sich mit den folgenden Sätzen.***

*a)* Markieren Sie zunächst das gebeugte Verb und vorhandene Personal- oder Possessivpronomen in der direkten Rede.

*b)* Setzen Sie die Sätze in die indirekte Rede.

Die Forscher meinen: „Wir müssen die Ergebnisse der aktuellen Studie mit den Ergebnissen des Vorjahres vergleichen.

Sie antworten: „Die Studie zeigt ein vollkommen anderes Bild.“

Der Abgeordnete erklärt: „Die vorliegende EU-Studie ist sehr aussagekräftig.“

Die Arbeitnehmer aus Estland sagen enttäuscht: „Uns bleiben im Durchschnitt 20 Tage Urlaub im Jahr.“

**5** ***Ergänzen Sie die Formen des Konjunktivs in der 3. Person Singular.***

| | **Konjunktiv I** | **Konjunktiv II** |
|---|---|---|
| brauchen | | |
| wissen | | |
| gehen | | |
| kommen | | |
| geben | | |
| dürfen | | |
| werden | | |
| haben | | |

**Tipp**
www.verbformen.de

## Mein persönlicher Lerncheck

Schätzen Sie Ihren Lernstand im Hinblick auf die Aufgabe „Einen Text visualisieren" ein. Beziehen Sie auch die Übungen zu Grammatik und Stil mit ein. Schreiben Sie die Vorlage zum Lerncheck von der vorderen Umschlagseite dieses Arbeitsheftes ab und füllen Sie diese aus.

## Weiterschreiben

Wenn Sie nach einer weiteren Trainingsmöglichkeit für die Visualisierung suchen, befassen Sie sich mit folgender Aufgabe.

- Visualisieren Sie die wesentlichen Aussagen des Textes auf Seite 34.
- Erläutern Sie die Unterschiede zwischen dem Fernsehprogramm privater Sender und dem von ARD und ZDF.

### Zum fünften Mal in Folge in der ersten Reihe

*Die ARD bleibt das meistgesehene Fernsehprogramm. Sport, Tagesschau und Tatort mit Spitzenquoten*

München. (AP/dpa) Das Erste ist das meistgesehene Fernsehprogramm 2008 – nicht nur wegen der Fußball-EM und Olympischen Sommerspiele. Das Gemeinschaftsprogramm der ARD erreichte zum fünften Mal in Folge die Marktführerschaft. Der Marktanteil lag bei 13,4 Prozent und damit sowohl vor dem ZDF als auch der privaten Konkurrenz, wie der Senderverbund gestern unter Berufung auf die GfK-Daten vom 1. Januar bis 28. Dezember mitteilte.

Das ZDF verbesserte sich von 12,9 auf 13,1 Prozent. Der private Marktführer RTL verlor 0,6 Prozentpunkte und sackte auf 11,8 Prozent ab. Sat.1 verbesserte sich von 9,6 auf 10,3 und ProSieben von 6,5 auf 6,6 Prozent. Dahinter platzierte sich Vox mit gleich bleibend 5,4 Prozent.

Den höchsten Marktanteil von 82 Prozent erzielte das Erste mit dem Finale der Fußball-EM. 28,05 Millionen Zuschauer verfolgten das Spiel der deutschen Elf gegen Spanien am 29. Juni. Die insgesamt 13 vom Ersten übertragenen Spiele erreichten im Durchschnitt einen Marktanteil von 57,6 Prozent. Die Live-Übertragungen der Olympischen Sommerspiele im Ersten kamen auf 29,9 Prozent.

Diese Großereignisse seien aber nicht ausschlaggebend für die Marktführerschaft des Ersten, hob die ARD hervor. Zum Erfolg trügen stark die Informationssendungen bei, die fast die Hälfte (44 Prozent) des täglichen Programmangebots ausmachten.

Die „Tagesschau" sei unverändert mit großem Vorsprung die meistgesehene Nachrichtensendung. Durchschnittlich 8,73 Millionen schalteten die 20-Uhr-Ausgabe im Ersten, einigen Dritten, 3sat und Phoenix ein. Die „heute"- Sendung im ZDF und 3sat sahen demnach durchschnittlich 3,96 Millionen Zuschauer und „RTL-aktuell" 3,74 Millionen Zuschauer.

Der „Tatort" sei mit durchschnittlich 7,10 Millionen Zuschauern unter den Reihen und Serien die Nummer 1 geblieben. Die WDR-Folge „Wolfsstunde" ragte mit 10,09 Millionen Zuschauern heraus.

Als Höhepunkte im Programm des Ersten nannte die ARD außerdem „Mogadischu", einen Film über die Entführung der Lufthansa-Maschine „Landshut" im Oktober 1977, den 7,32 Millionen Zuschauer einschalteten. 6,78 Millionen Zuschauer sahen die Neuverfilmung des Dürrenmatt-Klassikers „Der Besuch der alten Dame" mit Christiane Hörbiger und exakt sechs Millionen Zuschauer das Drama „Mein Mann, der Trinker" mit Franziska Walser und Robert Atzorn.

*Quelle: Rhein-Neckar-Zeitung vom 30.12.2008*

# Inhaltsangabe

## Die Aufgabe

- Verfassen Sie eine Inhaltsangabe zu dem Text von Irene Dische „Liebe Mom, lieber Dad".
- Interpretieren Sie die Erzählung.
  Gehen Sie dabei auch auf die Vorgehensweise ein, mit der Sarah ihre Probleme zu lösen versucht.

## Die Aufgabe verstehen

Diese Überlegungen helfen Ihnen, die Aufgabe zu bearbeiten:

- Anfang (Überschrift) und Ende des Textes betrachten und Vermutungen über Textsorte und Inhalt anstellen
- den ersten Leseeindruck auf sich wirken lassen
- Inhalt und Aufbau des Textes verstehen und erfassen
- den wesentlichen Inhalt des Textes in einer Inhaltsangabe wiedergeben
- Kriterien für eine Textinterpretation kennen und anwenden:
  - Figuren charakterisieren
  - Beziehungen der Figuren zueinander und Gründe für ihr Handeln beschreiben
  - die sprachliche Form des Textes (Textaufbau, Satzbau, Wortwahl) untersuchen und ihre Funktion für die Textaussage deuten
  - Arbeitsergebnisse mit Textbeispielen belegen
  - die Aussage des Textes darstellen

## Die Inhaltsangabe vorbereiten

**1** *Betrachten Sie vor dem Lesen den Anfang und das Ende des Textes: Was erwarten Sie inhaltlich, welche Textsorte vermuten Sie?*

**2** *Lesen Sie den Text.*

### Irene Dische: Liebe Mom, lieber Dad

Liebe Mom, lieber Dad, bitte entschuldigt, dass ich mich so lange nicht gemeldet habe. Ich kann mir vorstellen, dass Ihr Euch meinetwegen Sorgen gemacht habt, aber ich konnte wirklich nicht anrufen. Bis gestern lag ich im Krankenhaus. Zum ersten Mal seit anderthalb Monaten sitze ich wieder an einem Tisch. Nach unserem Streit vor sechs Wochen wegen Ralph, der Euch nicht gefällt, weil er so viel älter als ich und überhaupt eine seltsame Wahl ist, weil er kein Arzt oder Anwalt ist wie alle anderen, die ich kenne, war ich so wütend, dass ich mich besser nicht ans Steuer gesetzt hätte. Jackie hatte die ganze Zeit im Wagen auf mich gewartet. Sie ist immer meine beste Freundin gewesen. Ich war doch bloß vorbeigekommen, um Euch kurz zu umarmen. Danach wollten wir weiterfahren – über das Wochenende nach Maine, wo Ralph eine Farm hat. So arm ist er nämlich gar nicht, wisst Ihr. Ich war hereingekommen und sagte: „Ich wollte

**Irene Dische – Biografisches**

- deutsch-amerikanische Schriftstellerin, geboren 1952 in New York
- lebt vor allem in Berlin
- stammt aus einer Familie mit jüdischen und katholischen Wurzeln
- Eltern sind aus Deutschland emigriert
- wird durch Veröffentlichung des Buches „Fromme Lügen. Sieben Geschichten" (1989) einem größeren Publikum bekannt

euch bloß Guten Tag sagen, ich bin auf dem Weg nach Maine." Da habt Ihr gleich angefangen, mir Vorwürfe wegen Ralph zu machen. Ihr werdet Euch daran erinnern. Als Du, Dad, meine Beziehung zu ihm eine „Katastrophe" nanntest und Mom zu weinen anfing, da habe ich eben kehrtgemacht und bin gegangen. Ihr seid hinter mir her, aber ich war schneller. Ich habe mich in den Wagen gesetzt, mit zitternden Händen. Jackie bot an, sie könne fahren. Aber ich wollte nicht. Ich fuhr auf dem Highway. Alles in mir war in Aufruhr. Ich konnte mich nicht konzentrieren. Ich fuhr zu schnell. Ich fuhr viel zu schnell. Jackie schrie mich an. Ich stand einfach auf dem Gaspedal. Hundertfünfzig bin ich gefahren. An einer Baustelle verengte sich die Straße, und ich übersah die Warnschilder. Ich geriet auf den Mittelstreifen, der Wagen brach durch die Leitplanke und schoss auf die Gegenfahrbahn. Ein kleiner Wagen, eine indische Familie mit vier Kindern, kam mir entgegen – ich krachte mitten in sie rein. Noch immer habe ich Jackies „Nein! Nein!" im Ohr. Es waren ihre letzten Worte. Jackie ist tot. Ein siebenjähriger Junge in dem anderen Wagen hat überlebt, die Eltern und seine drei Geschwister sind tot. Er aber hat nicht die kleinste Schramme, die ihn von der neuen Wirklichkeit wenigstens einen Moment lang ablenken könnte. Was mich angeht – um beim Sichtbarsten anzufangen: Die Hüften und beide Beine sind zerquetscht. Das Gesicht ist völlig kaputt – die Nase gebrochen, die Wangenknochen gebrochen, ein Riss in der Stirn, sieben Rippen, der linke Arm und die linke Hand an fünf Stellen gebrochen. Ich habe auch innere Verletzungen – unter anderem einen Lungenriss. Drei Tage war ich auf der Intensivstation. Ralph kam mit dem Flugzeug von Maine, um bei mir zu sein. In Boston sollte eine Ausstellung mit seinen Bildern eröffnet werden, für die er seit mehr als einem Jahr gearbeitet hatte. Er fuhr nicht hin, sondern blieb, solange er konnte, bei mir. Irgendwann musste er zurück nach Maine, sich um die Tiere kümmern, und kam dann an den Wochenenden herüber. Die übrige Zeit war ich allein. Ich habe vier Operationen hinter mir – in vier Wochen. Im Gesicht werde ich noch operiert. Vielleicht kann ich nie mehr richtig laufen. Kinder werde ich auch keine bekommen können. Aber das alles macht mir längst nicht so viel Kummer wie mein Gewissen. Ich habe sechs Menschen umgebracht. Jackies Eltern haben ihr einziges Kind verloren. Ein kleiner Junge hat alle seine Angehörigen verloren. Und ich bin schuld.
Liebe Mom, lieber Dad. Nichts von alledem ist wahr. Die Wahrheit ist, ich hatte bei Euch angehalten, um Euch eine freudige Nachricht zu bringen. Aber weil Ihr derart über Ralph hergezogen seid, konnte ich Euch nicht sagen, dass ich schwanger bin. Jetzt bin ich im fünften Monat. Letzte Woche haben Ralph und ich geheiratet. Entschuldigt den ersten Absatz: Ich wollte nur, dass Ihr meine Neuigkeiten im richtigen Licht seht. Wir leben in Maine, ich bin ungeheuer glücklich, und ich hoffe, Ihr besucht uns bald mal.

In Liebe
Eure Tochter Sarah

**3** *Wie wirkt der Text auf Sie? Notieren Sie Ihren ersten Leseeindruck.*

## Den Text verstehen

**1** *Markieren Sie Informationen, die Ihnen für das Verständnis des Textes wichtig erscheinen.*

**2** *Formulieren Sie in einem Satz das Thema des Textes.*

______________________________________________

> **Tipp**
> W-Fragen führen Sie zu den Kerninformationen.

## Test

**1** *Kreuzen Sie an, ob die Aussage zutrifft oder nicht.*

| | ja | nein |
|---|---|---|
| Sarah ... | | |
| lebt nicht bei ihren Eltern. | | |
| hatte eine Auseinandersetzung mit ihren Eltern. | | |
| hat ihr Ungeborenes bei einem Unfall verloren. | | |
| Sarah ist im ... Monat schwanger. | | |
| fünften | | |
| dreizehnten | | |
| neunten | | |
| Jackie ist ... | | |
| Sarahs Schwester. | | |
| ein Einzelkind. | | |
| Ralphs Frau. | | |
| bei einem Unfall ums Leben gekommen. | | |
| Ralph ... | | |
| hat einen Bauernhof. | | |
| ist Jackies Mann. | | |
| wird bald Vater. | | |
| ist um einiges älter als Sarah. | | |
| Ralph fuhr – so Sarahs Aussage – nach Maine wegen ... | | |
| seiner Ausstellung. | | |
| seiner ersten Frau. | | |
| seiner Tiere. | | |
| Sarahs Eltern ... | | |
| wollen, dass ihre Tochter einen erfolgreichen Mann heiratet. | | |
| leben in Maine. | | |
| werden bald Großeltern. | | |

**2** *Erläutern Sie die Äußerung:*

„Er aber hat nicht die kleinste Schramme, die ihn von der neuen Wirklichkeit wenigstens einen Moment lang ablenken könnte." (Z. 28/29)

---

---

**3** *Erklären Sie die Redensart „etwas im richtigen Licht' sehen" (Z. 51) mit eigenen Worten.*

---

# Die Inhaltsangabe schreiben

**1** *Bevor Sie Ihre Inhaltsangabe schreiben, sollten Sie sich Gedanken über deren Gliederung machen.*
Markieren Sie mit einem Textmarker die jeweils richtige Aussage.

*In die Einleitung der Inhaltsangabe schreiben Sie ...*
- Angaben zum Titel, zur Autorin, zur Textsorte und zum Thema
- ein aktuelles Ereignis oder ein persönliches Erlebnis
- Ihre persönliche Meinung zum Text

*Im Hauptteil wird ...*
- die Geschichte ausführlich nacherzählt
- Stellung zum Text genommen
- über Verlauf und Ergebnis der Handlung, die Figuren und deren Motive knapp informiert

*Die Zeitform der Inhaltsangabe ist ...*
- Präteritum
- Futur
- Präsens

*Wörtliche Rede aus dem Text wird ...*
- direkt, wörtlich wiedergegeben
- indirekt, im Konjunktiv wiedergegeben
- im Imperativ wiedergegeben

## Sprache und Stil

**In der Inhaltsangabe fassen Sie den Inhalt des Textes im Präsens zusammen.**

**2** *Üben Sie das Formulieren im Präsens an einem Textabschnitt.*

*a)* Kennzeichnen Sie den Abschnitt „Ich fuhr viel zu schnell." (Z. 20) bis „Es waren ihre letzten Worte." (Z. 26)

*b)* Fassen Sie den Inhalt dieses Abschnittes zusammen. Beginnen Sie mit der Fortsetzung des folgenden Satzes:

**Tipp**
Übungen zu den Zeitformen finden Sie auf S. 49/50.

*Nach dem Streit mit ihren Eltern setzt sich Sarah in den Wagen ...*

c) Unterstreichen Sie die gebeugten Verben und überprüfen Sie, ob Sie die richtige Zeitform verwendet haben.

## Basiswissen – Inhaltsangabe eines literarischen Textes

Die Inhaltsangabe fasst die wesentlichen Aspekte eines Textes sachlich zusammen. Sie ist in Einleitung, Hauptteil und Schluss gegliedert.
Die **Einleitung** enthält Angaben über den Titel, den Autor bzw. die Autorin, die Textsorte sowie den Erscheinungsort und das -datum. Das Thema wird benannt.
Wenn zusätzlich zur Inhaltsangabe eine Textinterpretation oder Stellungnahme anzufertigen ist, reicht eine Einleitung für beide Aufgabenteile.
Der **Hauptteil** beinhaltet Informationen zu den Handelnden, zum Verlauf des Geschehens, zu Zeit und Ort sowie Gründen.
Der **Schluss** enthält Beurteilungen, die schon zum weiterführenden Interpretationsteil zählen, wenn die Inhaltsangabe als Teil der Textinterpretation gefordert wird.
Die Inhaltsangabe wird im **Präsens** verfasst.

**3** *Schreiben Sie Ihre Inhaltsangabe zu dem Text „Liebe Mom, lieber Dad“.*

**Tipp**
Denken Sie daran, dass eine Inhaltsangabe keine Nacherzählung ist. Haben Sie den Mut, eine wirklich kurze Inhaltsangabe zu schreiben.

# Die Textinterpretation vorbereiten

## Figuren charakterisieren

**1** *Unterstreichen Sie die Textstellen (Schlüsselwörter), in denen die Leser etwas über die folgenden Figuren erfahren: Sarah, Ralph, Sarahs Eltern, Jackie. Notieren Sie am Rand jeweils den Namen der Figur.*

**Tipp**
Charakteristisch für eine Figur ist das Verhalten zu den anderen Figuren.

**2** *Charakterisieren Sie diese Figuren.*
*Schreiben Sie in vollständigen Sätzen. Belegen Sie mit Zitaten.*

Sarah: ______________________________

______________________________

______________________________

______________________________

______________________________

Ralph: ______________________________

______________________________

______________________________

Sarahs Eltern: ______________________________

______________________________

______________________________

______________________________

Jackie: ______________________________

______________________________

______________________________

______________________________

**3** *In welcher Beziehung steht Sarah zu den anderen Figuren und welche Bedeutung haben diese für sie?*

______________________________

______________________________

**4** *Warum schreibt Sarah diesen Brief? Stellen Sie Sarahs Anliegen dar.*

**5** *Untersuchen Sie die Verwendung des Begriffes „Katastrophe“.*

*a)* Was bedeutet für die Eltern „die Katastrophe“ in Sarahs Leben?

*b)* Untersuchen Sie, welche Bedeutung Sarah diesem Begriff gibt.
Welche Rolle spielt dabei die von Sarah erfundene Katastrophe?

*c)* Welche Bedeutung messen Sie dem Begriff „Katastrophe“ bei?

## Die sprachliche Form analysieren

**Basiswissen** **Sprache und Wirkung**

Der Inhalt eines Textes entfaltet seine Wirkung durch seinen Aufbau und seine sprachliche Gestaltung. Darum gehört es zur Textinterpretation, Textaufbau, Satzbau, Wortwahl und sprachliche Bilder zu erkennen, zu entschlüsseln und ihre Bedeutung für den Inhalt und die Aussage des Textes zu beschreiben.

**1** *Untersuchen Sie zunächst den Textaufbau und beschreiben Sie seine Bedeutung für den Inhalt.*

*a)* Betrachten Sie den Anfang und das Ende des Textes. Welche Besonderheit stellen Sie fest und welche Wirkung geht davon aus?

*b)* Untersuchen Sie die Gliederung des Textes in Abschnitte. Was fällt Ihnen auf?
Welche Wirkung beabsichtigt die Autorin damit?

**2** *An welcher Stelle des Textes erreicht die Handlung ihren Höhepunkt? An welcher Stelle tritt eine Wende des Geschehens ein?*

a) Notieren Sie Textstellen und Zeilenzahlen.

______________________________________________

b) Mit welchen sprachlichen Mitteln wird diese Wirkung erreicht?

______________________________________________

______________________________________________

**3** *Im gesamten Text gibt es nur zweimal wörtliche Rede. Notieren Sie die Sprecher und die Zeilenzahl. Erklären Sie, welche Bedeutung die zwei wörtlich gesprochenen Sätze für den Handlungsverlauf und die Spannung des Textes haben.*

______________________________________________

______________________________________________

**4** *Betrachten Sie den Satz „Nach unserem Streit ...“ (Z. 4–8).*

a) Was fällt Ihnen an seiner Form im Vergleich zu allen anderen Sätzen des Textes auf?

______________________________________________

b) Welche Absicht der Erzählerin könnte dahinterstecken? Setzen Sie die Form des Satzes in Beziehung zu seinem Inhalt.

______________________________________________

c) Schreiben Sie Verben (Z. 19–24) heraus, die die Beschleunigung der Handlung ausdrücken, und beschreiben Sie ihre Wirkung.

______________________________________________

______________________________________________

**5** *Im Textabschnitt (Z. 17–21) „[...] Ihr seid hinter mir her ... Hundertfünfzig bin ich gefahren“ trägt auch die sprachliche Gestaltung der Satzanfänge zur Spannungssteigerung bei. Begründen Sie diese These.*

______________________________________________

**6** *Untersuchen Sie die folgenden Sätze. Notieren Sie, mit welchen sprachlichen Mitteln die Autorin arbeitet und wie sie wirken.*

*a)* „Die Hüften und beide Beine sind zerquetscht. Das Gesicht ist völlig kaputt – die Nase gebrochen, die Wangenknochen gebrochen, ein Riss in der Stirn, sieben Rippen, der linke Arm und die linke Hand an fünf Stellen gebrochen.“ (Z. 30–33)

*b)* „Kinder werde ich auch keine bekommen können.“ (Z. 42)

## Die Aussage des Textes formulieren

**1** *Schreiben Sie auf, welche Reaktion der Eltern Sie auf Sarahs Brief erwarten.*

**2** *Formulieren Sie die Aussage des Textes „Liebe Mom, lieber Dad“.*

## Eine Meinung zum Text bilden

**1** *Halten Sie Sarahs Vorgehensweise für berechtigt? Begründen Sie Ihre Meinung.*

**2** *Vielleicht haben Sie beim Lesen der Geschichte mitgefühlt.*

*a)* Beschreiben Sie Ihre Gefühle.

*b)* Überlegen Sie, warum dies so war. Notieren Sie Ihre Gedanken.

# Die Interpretation eines Prosatextes schreiben

**Bevor Sie Ihre Textinterpretation schreiben, sollten Sie einen Schreibplan aufstellen, der die wichtigsten Gliederungspunkte Ihres Aufsatzes enthält.**

**Basiswissen** | **Gliederung des Interpretationsaufsatzes**

Die Inhaltsangabe bildet die Grundlage für Ihren Interpretationsaufsatz.
Mit Angaben zur Autorin/zum Autor, zum Titel, zur Textsorte und zum Thema leiten Sie den gesamten Aufsatz ein. Der Hauptteil enthält:

1. die Zusammenfassung des wesentlichen Textinhaltes (Inhaltsangabe),
2. die Textinterpretation auf der Grundlage der Figurencharakteristiken und der Analyse der sprachlichen Gestaltung (Textaufbau, Satzbau, Wortwahl, sprachliche Bilder, andere sprachliche Besonderheiten) und ihrer Wirkung.

Der Schluss kann eine persönliche Wertung zum Text enthalten und sollte eine Verbindung zur Einleitung herstellen.

**1** *Ordnen Sie folgende Gliederungspunkte den drei Aufsatzteilen Einleitung, Hauptteil und Schluss zu.*

Angaben zu Titel, Autorin, Textsorte, Thema • Figuren (Wer?) • Handlungsverlauf mit Höhe- und Wendepunkt (Was?) • Zeit (Wann?) • Ort (Wo?) • Handlungsgründe (Warum?) • Figurencharakteristik • Textaufbau • Satzbau • Wortwahl, andere sprachliche Besonderheiten • Textaussage • persönliche Gedanken zum Text (Wertung, Gefühle) • Bezug zur Einleitung

**Schreibplan für die Textinterpretation**

Einleitung: ______________________________

Hauptteil: ______________________________

______________________________

Schluss: ______________________________

**2** *Schreiben Sie Ihren Interpretationsaufsatz, in dem Inhaltsangabe und Textinterpretation miteinander verknüpft sind.*
*Nutzen Sie Ihren Schreibplan und Ihre Untersuchungen als Arbeitsgrundlage.*
*Verwenden Sie zum Schreiben ein gesondertes Blatt Papier.*

**3** *Überprüfen und überarbeiten Sie Ihren Interpretationsaufsatz anhand der Checkliste auf der folgenden Seite 48.*

# Checkliste

## Aufbau

- ☐ Ist mein Aufsatz in Einleitung, Hauptteil und Schluss gegliedert?
- ☐ Machen Absätze meinen Gedankengang deutlich?
- ☐ Ist meine Inhaltsangabe sinnvoll mit dem Interpretationsteil verknüpft?

## Inhalt

- ☐ Enthält meine Einleitung Angaben zu: Autor/Autorin, Titel, Textsorte und Thema?
- ☐ Ist meine Einleitung kurz und prägnant?
- ☐ Habe ich den wesentlichen Inhalt mit seinem Handlungsverlauf und seinen Figuren (W-Fragen) kurz zusammengefasst?
- ☐ Habe ich die Figuren charakterisiert?
- ☐ Werden Handeln und Absicht der Hauptfigur sowie ihre Beziehung zu den anderen Figuren deutlich?
- ☐ Habe ich die sprachliche Gestaltung (Textaufbau, Satzbau, Wortwahl) beschrieben und ihre Bedeutung für den Inhalt erklärt?
- ☐ Habe ich die Aussage des Textes erkannt und formuliert?
- ☐ Rundet mein Schluss den Aufsatz ab?
- ☐ Enthält mein Schluss eine Wertung und eine Verbindung zur Einleitung?

## Sprache, Rechtschreibung, Zeichensetzung und äußere Form

- ☐ Ist der Ausdruck klar, verständlich und angemessen?
- ☐ Habe ich auf Umgangssprache und Abkürzungen verzichtet?
- ☐ Habe ich meinen Aufsatz im Präsens geschrieben?
- ☐ Sind die Satzanfänge abwechslungsreich gestaltet?
- ☐ Sind meine Sätze grammatikalisch richtig verknüpft?
- ☐ Habe ich die Regeln der Zeichensetzung beachtet?
- ☐ Habe ich meinen Aufsatz auf die Rechtschreibfehler überprüft, die ich am häufigsten mache?
- ☐ Habe ich Flüchtigkeitsfehler korrigiert?
- ☐ Habe ich die Wörter nachgeschlagen, bei denen ich unsicher war?
- ☐ Ist die äußere Form meines Aufsatzes ansprechend?
- ☐ Ist meine Schrift lesbar?

# Grammatik und Stil üben: Tempusformen

In den verschiedenen Aufsatzformen kommt es auch auf den richtigen Gebrauch der Tempusformen an.

**Basiswissen** **Tempusformen (Zeitformen)**

Inhaltsangabe und Textinterpretation schreiben Sie im Präsens.
Das Präsens drückt eine Handlung oder ein Geschehen in der Gegenwart aus. Wenn Sie in der Inhaltsangabe über ein vorheriges Ereignis schreiben, nutzen Sie das Perfekt.

**1** *Unterstreichen Sie die Verbformen.*

„Ich fuhr viel zu schnell. Jackie schrie mich an. Ich stand einfach auf dem Gaspedal."

„Aber das alles macht mir längst nicht so viel Kummer wie mein Gewissen. Ich habe sechs Menschen umgebracht. Jackies Eltern haben ihr einziges Kind verloren. Ein kleiner Junge hat alle seine Angehörigen verloren. Und ich bin schuld."

**2** *Bestimmen Sie die Zeitformen, in denen die Verben stehen.*
Beispiel: *fuhr – Präteritum*

______________________________

______________________________

______________________________

**3** *Ergänzen Sie in den folgenden Beispielen die fehlenden Zeitformen.*

| Präsens | Präteritum | Perfekt |
|---|---|---|
| Ralph malt. | | |
| | Sarah bat ihre Eltern um Unterstützung. | |
| Ich denke an Jackie und ihre Eltern. | | |
| | Wir trafen uns bei einer Kunstausstellung. | |
| | | Ich bin nach Hause gefahren. |
| Wir genießen unsere gemeinsame Zeit. | | |
| | | Es hat Sarah viel ausgemacht, dass ihre Eltern Ralph nicht mögen. |
| | Ich war schuld. | |

**4** *Setzen Sie in den folgenden Sätzen das in Klammern stehende Verb in das Perfekt.*

Ihr ist bewusst, dass sie einen schrecklichen Unfall (verursachen).

Sarah bereut, dass sie zu schnell (fahren) ist.

Sie kann nicht verstehen, dass ihre Eltern ihr Vorwürfe (machen).

Sarah (sein) zornig.

**Basiswissen** **Futur I**

Das Futur I verwendet man, um etwas Zukünftiges auszudrücken. Es wird mit der gebeugten Form des Verbs **werden** und einem ungebeugten Verb (Infinitiv) gebildet. Beispiel: *Sarah ist schwanger, sie wird ein Kind bekommen.*

**5** *Üben Sie den Gebrauch des Futurs I.*

*a)* Schreiben Sie in vollständigen Sätzen auf, was Sarah wohl in der Zukunft machen wird.

*b)* Unterstreichen Sie die Zeitformen der Verben.

## Mein persönlicher Lerncheck

Schätzen Sie Ihren Lernstand in Hinblick auf die Aufgabe „Inhaltsangabe und Textinterpretation schreiben“ ein. Beziehen Sie auch die Übungen zu Grammatik und Stil mit ein. Schreiben Sie die Vorlage zum Lerncheck von der vorderen Umschlagseite dieses Arbeitsheftes ab und füllen Sie sie aus.

## Weiterschreiben

Wenn Sie nach einer weiteren Trainingsmöglichkeit für die Textinterpretation suchen und überraschende Problemlösungen interessant finden, befassen Sie sich mit dem folgenden Text.

## Fjodor Dostojewski: Die Zigarre und das Hündchen

„Es ist eine dumme Geschichte, und sie lässt sich in wenigen Worten erzählen", begann der General sehr selbstzufrieden. „Vor zwei Jahren, ja, vor noch nicht ganz zwei Jahren, die Eröffnung der neuen ... skischen Eisenbahn hatte soeben stattgefunden, musste ich in einer für mich sehr wichtigen Angelegenheit (es handelte sich um den Austritt aus meiner dienstlichen Stellung) eine Reise machen. Ich war schon in Zivil und nahm mir ein Billett erster Klasse. Ich stieg ein, setzte mich hin und rauchte. Das heißt, ich fuhr fort zu rauchen; angesteckt hatte ich mir die Zigarre schon vorher. Ich war in dem Abteil ganz allein. Das Rauchen ist nicht verboten, aber auch nicht erlaubt; es ist so halb erlaubt und geschieht üblicherweise; na, und es kommt auch auf die Person des Betreffenden an. Das Fenster war heruntergelassen. Plötzlich, kurz bevor die Lokomotive pfiff, stiegen zwei Damen mit einem Bologneserhündchen ein und setzten sich mir gerade gegenüber; sie hatten sich verspätet; die eine war höchst elegant gekleidet, in Hellblau; die andere bescheidener, in einem schwarzseidenen Kleid mit einer Pelerine. Sie waren beide hübsch, machten aber hochmütige Gesichter und sprachen Englisch. Ich kümmerte mich natürlich nicht um sie und rauchte weiter. Das heißt, ich dachte schon daran, aufzuhören; aber da das Fenster offen war, so rauchte ich weiter, zum Fenster hinaus. Das Bologneserhündchen lag ruhig auf dem Schoß der hellblauen Dame; es war ein kleines Tier, so groß wie eine Faust, schwarz, mit weißen Pfoten, geradezu eine Seltenheit; es hatte ein silbernes Halsband mit einer Inschrift darauf. Ich kümmerte mich um nichts, merkte aber, dass die Damen sich ärgerten, offenbar über meine Zigarre. Die eine starrte mich durch ihre schildpattne Lorgnette [1] an. Ich blieb dabei, mich nicht um sie zu kümmern; denn sie sagten ja kein Wort zu mir! Sie hätten doch reden, mich ersuchen, mich bitten können; wozu hat der Mensch denn schließlich seine Zunge? Aber nein, sie schwiegen ... Auf einmal (und zwar, wie ich Ihnen sage, ohne die geringste, das heißt ohne die allergeringste vorhergehende Bemerkung, ganz wie wenn sie von Sinnen gekommen wäre) reißt mir die Hellblaue die Zigarre aus der Hand und wirft sie aus dem Fenster. Der Zug sauste dahin; ich wusste gar nicht, wie mir geschehen war. Das musste ein tolles Frauenzimmer sein, ein tolles Frauenzimmer, von einer ganz tollen Sorte; im Übrigen war es ein stattliches Weib, üppig, hochgewachsen, blond, mit roten (fast zu roten) Backen, und ihre Augen funkelten mich nur so an. Ohne ein Wort zu sagen, nähere ich mich mit der größten Höflichkeit, mit der vollendetsten Höflichkeit, sozusagen mit der raffiniertesten Höflichkeit dem Bologneserhündchen, fasse es ganz behutsam mit zwei Fingern am Genick und werfe es der Zigarre nach aus dem Fenster! Es winselte nur ein wenig! Der Zug sauste weiter."

„Sie sind ein Unmensch!", rief Nastasja Filippowna lachend und klatschte wie ein kleines Mädchen in die Hände.

„Bravo, bravo!", rief Ferdyschtschenko.

Auch Ptizyn, dem das Erscheinen des Generals gleichfalls sehr unangenehm war, lächelte; sogar Kolja lachte und rief ebenfalls: „Bravo!"

„Und ich war im Recht, ich war im Recht, durchaus im Recht!", fuhr der triumphierende General eifrig fort. „Denn wenn das Rauchen auf der Bahn verboten ist, so ist das Mitnehmen von Hunden noch weit mehr verboten."

**1** schildpattne Lorgnette: bügellose, an einem Stiel zu haltende Brille aus einem Material, das aus Schildkrötenpanzern gewonnen wird

# Kreatives Schreiben
# Eine Geschichte weitererzählen

## Die Aufgabe

**Schreiben Sie die Erzählung „So fand ich das Leben“ von Mark Twain weiter und führen Sie sie zu einem Schluss.**

## Die Aufgabe verstehen

Diese Überlegungen helfen Ihnen, die Aufgabe zu bearbeiten:
- den Inhalt des Textes verstehen und analysieren
- Ideen für den Fortgang der Geschichte sammeln und notieren
- Erzählperspektive, Ort, Zeit und Figuren dem Text entnehmen
- eine spannende, witzige oder interessante Handlung aufbauen
- die Handlung zu einem Höhe- oder Wendepunkt führen
- die Geschichte mit einem Ergebnis oder einer Konfliktlösung beenden
- den eigenen Schreibstil der Textvorlage angleichen

**Mark Twain – Biografisches**
- amerikanischer Schriftsteller
- 1835 in Florida (Missouri) geboren
- 1910 in Redding (Connecticut) gestorben
- sein bürgerlicher Name war Samuel Langhorne Clemens
- wuchs in Hannibal am Mississippi auf
- war zunächst Setzerlehrling, Lotse auf dem Mississippi, Goldgräber und Journalist
- seine Erzählungen sind geprägt von Humor, genauer Beobachtung und Kritik an den gesellschaftlichen Verhältnissen
- bekannteste Werke: „Tom Sawyers Abenteuer“ (1876) und „Huckleberry Finns Abenteuer“ (1884)

## Das Weitererzählen vorbereiten

**1** *Lesen Sie den Text.*

### Mark Twain: So fand ich das Leben

Heute lebt der Mann in Philadelphia, der, als er noch jung und arm war, eine Bank betrat. Und da sagte er: „Ach, lieber Herr, könnte ich nicht vielleicht als Laufbursche bei Ihnen eintreten?“ – Und der stattliche Bankmensch erwiderte: „Nein, Bürschchen, du kannst nicht als Laufbursche bei mir eintreten.“

Der kleine Junge, dessen Herz zu voll war, um etwas sagen zu können – er lutschte nämlich gerade an einer Lakritzenstange, die ihn einen Cent gekostet hatte, und den hatte er seiner guten und frommen Tante gestohlen –, schlich, während die großen, kugelrunden Tropfen ihm über die Backen kullerten, unter kaum hörbaren Schluchzern betrübt die Marmorstufen der Bank hinab. Der Bankmensch aber neigte seine edle Gestalt und verbarg sich hinter einer Tür, denn er meinte, der kleine Junge werde einen Stein nach ihm werfen. Doch der kleine Junge hob nur irgendetwas auf und steckte es in die Tasche seiner ärmlichen, aber zerlumpten Jacke.

„Komm mal her, Bürschchen!“ – Und der kleine Junge kam her, und der Bankmensch fragte ihn: „Sag mal, was hebst du da auf?“ – Und er sagte: „Eine Büroklammer.“ – Und der Bankmensch fragte: „Bist du auch brav, mein Söhnchen?“ –, und er sagte, er sei es. Und der Bankmensch fragte ihn abermals: „Welcher Partei stehst du nahe – wollte sagen: Besuchst du auch immer die Sonntagsschule?“ – Und der kleine Junge bejahte auch dieses.

Darauf ergriff der Bankmensch eine Feder aus purem Golde, aus der wirkliche Tinte floss, und schrieb auf ein Stück Papier die Worte: „St. Peter“, und er fragte den kleinen Jungen, was dies wohl bedeute. Und der antwortete: „Salpeter.“ – Da sagte der Bankmensch, es bedeute „Sankt Peter“, und drob staunte der kleine

Junge. Daraufhin machte der Bankmensch den kleinen Jungen zu seinem Partner und gab ihm die Hälfte seines Profits und sein ganzes Kapital. Und dann heiratete er die Tochter des Bankmenschen, und nun gehörte ihm alles, was der besaß, und dazu noch all das, was ihm selber gehörte.
Mein Onkel hat mir diese Geschichte erzählt, und sechs Wochen war ich damit beschäftigt, vor einer Bank Büroklammern aufzulesen. Ich wartete immer darauf ...

## Den Text verstehen und analysieren

**1** *Beantworten Sie folgende Fragen mit den entsprechenden Textstellen.*

*a)* Welche Antwort gab der Bankmensch dem Jungen auf seine erste Frage?

______________________________

*b)* Woher hatte der Junge den Cent für die Lakritzenstange? ______________________________

*c)* Was hob der Junge auf? ______________________________

*d)* Wozu entschloss sich der Bankmensch, nachdem der Junge alle Fragen beantwortet hatte?

______________________________

**2** *Erklären Sie folgende Wörter aus dem Textzusammenhang.*

Sonntagsschule: ______________________________

Feder: ______________________________

**3** *Der Junge verwechselte zwei Begriffe mit ähnlichem Klang. Notieren Sie die Begriffe.*

______________________________

### Arbeitstechnik — Inhalt und Form des Ausgangstextes untersuchen

Wenn Sie eine Geschichte weitererzählen, können Sie deren Fortgang selbst bestimmen. Sie entwickeln die Charaktere der Figuren weiter oder ergänzen sie. Der Ausgangstext liefert die Grundlage für Ihre Erzählung: Darin untersuchen Sie zunächst **Figuren**, **Ort**, **Zeit**, **Erzähltempus** und **Schreibstil** und erfassen die **Aussage** des Textes.

**4** *Achten Sie besonders auf die Figuren.*

*a)* Wer ist die Hauptfigur am Anfang des Textes? Markieren Sie die Stelle.

*b)* Wer ist die Hauptfigur des letzten Satzes? Markieren Sie die Stelle.

*c)* Aus wessen Sicht (Erzählperspektive) müssen Sie weitererzählen? ______________________________

**5** *Stellen Sie Überlegungen zum Handlungsort und zum Handlungsverlauf an.*

*a)* In welchem Land spielt die Handlung? ____________________

*b)* Was geschieht im Verlauf der Handlung mit dem Jungen? Notieren Sie Stichpunkte am Rand neben der Erzählung.

*c)* Welchen Zusammenhang vermuten Sie zwischen der Handlung und dem Handlungsort? Denken Sie dabei auch an Wendungen wie „der amerikanische Traum" und „vom Tellerwäscher zum Millionär".

____________________

____________________

*d)* Notieren Sie die Textstelle, die die Wandlung im Handlungsverlauf einleitet. Stellen Sie einen Bezug zur Überschrift her.

____________________

**6** *Konzentrieren Sie sich jetzt auf die Zeitform der Verben.*

*a)* In welcher Zeitform wird die Handlung erzählt? ____________________

*b)* Betrachten Sie den ersten Satz. Was fällt Ihnen in Bezug auf die Zeitform auf?

____________________

**Basiswissen** | **Wechsel der Zeitform in einer Erzählung**

Die Zeitform des Erzählens ist in der Regel das Präteritum. Mit dem Wechsel ins Präsens verfolgt der Erzähler eine bestimmte Absicht: Die zeitliche Distanz zum Geschehen wird aufgehoben. Das erzeugt Aufmerksamkeit und Spannung, da die Leserin/der Leser das Geschehen unmittelbar vor Augen hat und sich hineinversetzt fühlt. Auch Dialoge werden überwiegend im Präsens geführt.

*c)* Überprüfen Sie die Wirkung des Wechsels vom Präteritum ins Präsens.

**Präteritum:** Darauf ergriff der Bankmensch eine Feder aus purem Golde, aus der wirkliche Tinte floss ... (Z. 20/21)

**Präsens:** Darauf ergreift der Bankmensch eine Feder aus purem Golde, aus der wirkliche Tinte fließt ...

**Wirkung:** ____________________

*d)* Machen Sie selbst das Experiment mit einem beliebigen Satz aus dem Text.

**7** *Wie wirken folgende Wörter aus dem Text auf Sie?*

*Bankmensch • Bürschchen • drob • eine Feder aus purem Golde, aus der wirkliche Tinte floss*

## Sprache und Stil: anschaulich erzählen

**Anders als bei Sachtexten (z. B. Berichten) kann man beim Erzählen ausführlich beschreiben und schildern. Die Leser sollen in die Geschichte eintauchen und das Erzählte miterleben können. Das gelingt Ihnen gut, wenn Sie die Sinne der Leser ansprechen.**

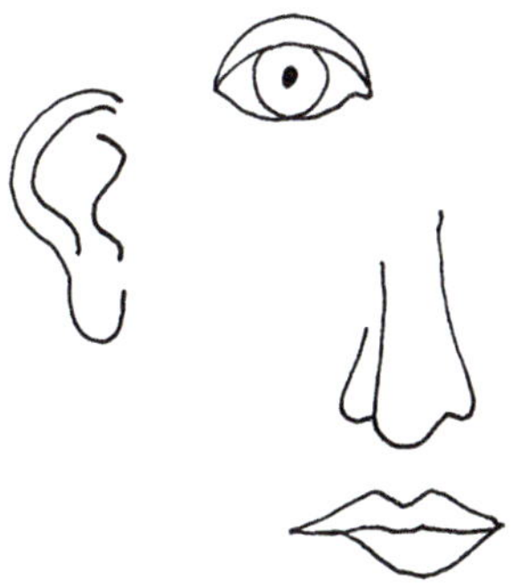

**1** *Sammeln Sie Wörter, die Sinneswahrnehmungen wiedergeben.*

*a)* Stellen Sie sich vor, Sie seien der Junge in der Erzählung. Sie befinden sich im 19. Jahrhundert und stehen gerade vor dem Bankgebäude an einer belebten Straße. Schließen Sie am besten für einen Moment die Augen. Notieren Sie anschließend Wörter, die Ihre vorgestellten Sinneswahrnehmungen wiedergeben.

*b)* Notieren Sie Wörter aus der Geschichte von Mark Twain, die Sinneswahrnehmungen wiedergeben.

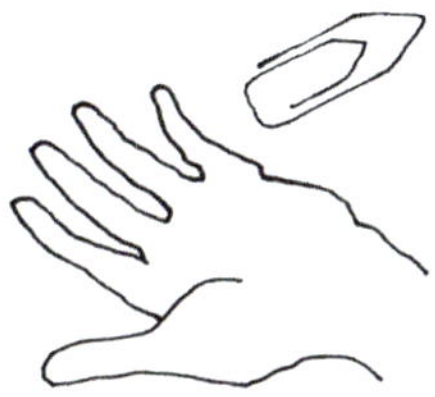

*c)* Wie fühlt sich eine Büroklammer in der Hand an? Notieren Sie zwei Adjektive.

**2** *Verben machen einen Text lebendig und Handlung vorstellbar. Schreiben Sie Verben aus dem Text heraus, die diese These belegen.*

# Die Geschichte schreiben

**1** *Sammeln Sie auf einem Konzeptblatt Ideen zum Weitererzählen der Geschichte.*

**Arbeitstechnik** | **Die Geschichte gliedern**

Beim Weitererzählen knüpfen Sie an das Ende des Ausgangstextes an. Der erste Satz Ihrer Geschichte sollte sofort das Interesse der Leser wecken. Im Fortgang Ihrer Geschichte erzählen Sie eine interessante, witzige oder traurige Begebenheit. Sie bauen einen Spannungsbogen auf, indem Sie einen Konflikt bis zu seinem Höhepunkt oder einer ungewöhnlichen Wende zuspitzen. Mit der Konfliktlösung leiten Sie den Schluss ein. Der Ausgang der Geschichte kann glücklich oder tragisch sein. Er kann offenbleiben oder eine Lehre enthalten. Der Bezug zum Erzählanfang ist ein beliebtes Gestaltungsmittel und rundet die Geschichte ab. Besondere Sorgfalt gilt dem letzten Satz, denn er sollte bei den Lesern einen Eindruck hinterlassen.

**Tipp**
Bewerten Sie nicht selbst die Handlung.
Erzeugen Sie Spannung, indem Sie andeuten, statt vorwegzunehmen.
Schaffen Sie Entwicklungsmöglichkeiten.

**2** *Ordnen Sie Ihre Ideen in einem Schreibplan. Benutzen Sie dazu ein Konzeptblatt.*

*a)* Beginn: Probieren Sie verschiedene Varianten Ihres ersten Satzes aus. Sie können den letzten Satz des Ausgangstextes fortsetzen oder ganz anders beginnen.

*b)* Handlungsverlauf: Notieren Sie Stichpunkte zum Fortgang der Geschichte.

*c)* Höhepunkt/Konfliktlösung: Was geschieht am Höhepunkt?

*d)* Ende: Wie endet Ihre Erzählung?

**3** *Schreiben Sie Ihre Erzählung. Benutzen Sie dafür ein gesondertes Blatt Papier.*

**4** *Überprüfen und überarbeiten Sie die Geschichte anhand der folgenden Checkliste.*

## Checkliste

**Aufbau**

- [ ] Knüpft meine Weitererzählung an die vorliegende Erzählung an?
- [ ] Baue ich einen Spannungsbogen auf, in dem sich ein Konflikt zuspitzt?
- [ ] Hat meine Erzählung einen Höhepunkt oder eine unvorhergesehene Wende?
- [ ] Rundet mein Schluss die Erzählung ab?
- [ ] Gliedern Absätze meinen Gedankengang?

**Inhalt**

- [ ] Weckt mein erster Satz das Interesse der Leser?
- [ ] Halte ich Erzählperspektive, Ort und Zeit der Ausgangsgeschichte ein?
- [ ] Erzähle ich eine interessante, witzige oder traurige Begebenheit?
- [ ] Passt meine Weitererzählung zur Überschrift der Ausgangsgeschichte?
- [ ] Wirken meine Figuren lebendig?
- [ ] Gelingt es mir, das Umfeld meiner Erzählung anschaulich zu schildern?
- [ ] Ist der Höhe- oder Wendepunkt die spannendste Stelle meiner Erzählung?
- [ ] Ist meine Konfliktlösung für die Leser nachvollziehbar?
- [ ] Wie endet meine Geschichte?
- [ ] Welchen Eindruck hinterlässt der letzte Satz?

**Sprache, Rechtschreibung, Zeichensetzung und äußere Form**

- [ ] Verwende ich Mittel des Erzählens, z. B.: Beschreibung, Schilderung, treffende Verben, Äußerung von Gedanken und Gefühlen, wörtliche Rede?
- [ ] Gleicht mein Schreibstil dem Stil der Textvorlage?
- [ ] Ist die Hauptzeitform in meiner Geschichte das Präteritum?
- [ ] Halte ich die Regeln für die Verwendung der wörtlichen Rede ein?
- [ ] Habe ich die Zeichensetzung überprüft?
- [ ] Habe ich die Rechtschreibung auf Fehlerquellen und Flüchtigkeitsfehler geprüft?
- [ ] Habe ich in Zweifelsfällen im Wörterbuch nachgeschlagen?
- [ ] Ist die äußere Form meines Aufsatzes ansprechend?
- [ ] Ist meine Schrift gut lesbar?

# Die Perspektive wechseln: eine Erzählung oder einen Brief schreiben

## Die Aufgabe

**Lesen Sie die Erzählung „Das wohlfeile Mittagessen“ von Johann Peter Hebel.**
**Wählen Sie dann Aufgabe A oder Aufgabe B und bearbeiten Sie diese.**
**A: Schreiben Sie auf der Grundlage des Textes eine Erzählung aus der Sicht des Löwenwirtes.**
**B: Stellen Sie sich vor: Ein paar Tage später schreibt der Gast einen Brief an den Bärenwirt. Schreiben Sie diesen Brief.**

## Die Aufgabe verstehen

Diese Überlegungen helfen Ihnen, die Aufgabe zu bearbeiten:

- die Erzählperspektive des Textes erfassen
- die inhaltliche Grundlage des Ausgangstextes übernehmen
- sich in die Figur hineinversetzen, aus deren Sicht neu erzählt bzw. der Brief geschrieben wird
- aus der neuen Sicht den Inhalt neu gestalten
- den Schreibstil der neuen Figur anpassen
- sich einen Grund/Anlass überlegen, warum die Figur den Brief schreibt
- sich den Adressaten des Briefes vorstellen
- die Regeln zur Gestaltung eines Briefes anwenden

## Den Perspektivenwechsel vorbereiten

(Hinweis: Das Vorbereiten des Perspektivenwechsels gilt für die Aufgaben A und B.)

**1** *Lesen Sie den Text.*

### Johann Peter Hebel: Das wohlfeile Mittagessen

Es ist ein altes Sprichwort: Wer andern eine Grube gräbt, fällt selbst hinein. Aber der Löwenwirt in einem gewissen Städtlein war schon vorher darin. Zu diesem kam ein wohlgekleideter Gast. Kurz und trotzig verlangte er für *sein* Geld eine gute Fleischsuppe. Hierauf forderte er auch ein Stück Rindfleisch und ein Gemüs für sein Geld. Der Wirt fragte ganz höflich: ob ihm nicht auch ein Glas Wein beliebe? O freilich ja, erwiderte der Gast, wenn ich etwas Gutes haben kann für mein Geld. Nachdem er sich alles wohl hatte schmecken lassen, zog er einen abgeschliffenen Sechser aus der Tasche und sagte: „Hier, Herr Wirt, ist *mein* Geld.“ Der Wirt sagte: „Was soll das heißen? Seid Ihr mir nicht einen Taler schuldig?“ Der Gast erwiderte: „Ich habe für keinen Taler Speise von Euch verlangt, sondern für *mein Geld*. Hier ist *mein Geld*. Mehr hab' ich nicht. Habt Ihr mir zu viel dafür gegeben, so ist's Eure Schuld.“ – Dieser Einfall war eigentlich nicht weit her; es gehörte nur Unverschämtheit dazu und ein unbekümmertes Gemüt, wie es am Ende ablaufen werde. Aber das Beste kommt noch. „Ihr seid ein durchtriebener Schalk[1]“, erwiderte der Wirt, „und hättet wohl etwas anderes verdient. Aber ich schenke Euch das Mittagessen und hier noch ein Vierundzwanzigkreuzerstück dazu; nur seid stille zur Sache, und geht zu meinem Nachbarn, dem Bärenwirt, und macht es ihm ebenso.“ Das sagte er, weil er mit seinem Nachbarn, dem Bärenwirt, aus Brotneid im Unfrieden lebte, und einer dem andern jeglichen Tort[2] und Schimpf gern antat und erwiderte. Aber der schlaue Gast griff lächelnd mit der einen Hand nach dem angebotenen Geld, mit der andern vorsichtig nach der Türe, wünschte dem Wirt einen guten Abend, und sagte: „Bei Euerm Nachbarn, dem Herrn Bärenwirt, bin ich schon gewesen, und eben der hat mich zu Euch geschickt, und kein anderer.“

Es waren im Grunde beide hintergangen, und der Dritte hatte den Nutzen davon. Aber der listige Kunde hätte sich noch obendrein einen schönen Dank von beiden verdient, wenn sie eine gute Lehre daraus gezogen und sich miteinander ausgesöhnt hätten. Denn Frieden ernährt, aber Unfrieden verzehrt.

**1** Schalk: Spaßvogel, Schelm
**2** Tort: veraltet für Kränkung

## Inhalt und Aussage des Textes verstehen

**1** *Aus welcher Perspektive wird die Geschichte erzählt?*

___

**2** *Die Erzählung wird von zwei Sprichwörtern eingerahmt.*

*a)* Markieren Sie das einleitende Sprichwort und erklären Sie seine Bedeutung.

___

*b)* Was bedeutet das zweite Sprichwort „Frieden ernährt, aber Unfrieden verzehrt“ im übertragenen Sinne? Kreuzen Sie die richtige Aussage an.

- ☐ Würden die beiden Wirte in Frieden leben, dann hätten sie gut genährte Gäste.
- ☐ Streit macht den Menschen krank.

*c)* Ein drittes Sprichwort, das sich nur indirekt im Text befindet, leitet den letzten Absatz ein. Wie heißt es und welche Bedeutung hat es in dieser Geschichte?

___

___

**Buchstabenrätsel**

Markieren Sie die Lösungswörter.
Autor der Erzählung • Feind des Bärenwirts • Vorspeise • antworten • Geldstück • Kunde im Wirtshaus

| | | | | | | | | |
|---|---|---|---|---|---|---|---|---|
| T | I | F | ↓ | L | E | T | E | W |
| A | R | E | **H** | O | R | U | M | A |
| L | Ö | W | **E** | N | W | I | R | T |
| E | G | N | **B** | U | I | S | A | R |
| R | Ü | C | **E** | Ä | D | C | P | E |
| Z | G | I | **L** | M | E | A | E | L |
| U | A | V | I | O | R | L | H | S |
| T | S | E | K | R | N | K | D | T |
| I | T | S | U | P | P | E | M | A |

# A: Das Erzählen vorbereiten

**1** *Charakterisieren Sie den Löwenwirt und seinen Gast.*

*a)* Markieren Sie die Textstellen, in denen Sie etwas über diese Figuren erfahren.

*b)* Charakterisieren Sie die Personen kurz mit eigenen Worten.

Löwenwirt: ___

Gast: ___

**2** *Beschreiben Sie, wie sich die Stimmung und das Verhalten des Wirts im Lauf der Handlung ändern. Welche Gründe gibt es dafür?*

___

**3** *Warum war der Löwenwirt dem Sprichwort nach schon vorher in die Grube gefallen? Interpretieren Sie den Satz: „Aber der Löwenwirt in ..." (Z. 1/2).*

___

___

### Die Erzählperspektive wechseln

**1** *Stellen Sie sich vor, Sie wären der Löwenwirt.*

*a)* Welchen Teil der Handlung kennen Sie nicht?

___

*b)* Wie würde der Löwenwirt die Geschichte erzählen? Notieren Sie auf einem gesonderten Blatt Papier Ihre Ideen in Stichpunkten.

## Die Erzählung schreiben

### Sprache und Stil: lebendig erzählen

**Ausschmückungen und ausdrucksstarke Verben können eine Situation in einer Erzählung anschaulich und lebendig schildern.**

**1** *Vergleichen Sie die folgenden Textausschnitte miteinander. Kreuzen Sie an, welcher Textausschnitt Ihnen besser gefällt. Begründen Sie Ihre Entscheidung.*

☐ A) Ich freute mich, dass das Geschäft blühte. Der Gast wirkte zwar etwas arrogant, aber er bestellte eine Menge für sein Geld: Rindfleisch und Gemüse und den guten Rotwein, den ich hatte. Auch Marie wird sich freuen, dachte ich. Seit Tagen wartete sie in der Küche darauf, für gute Kundschaft zu kochen.

☐ B) Ich begrüßte den Gast. Ich nahm die Bestellung auf. Er wollte noch mehr. Das freute mich.

Begründung: ___

**2** *Schreiben Sie die Kurzgeschichte aus der Perspektive des Löwenwirtes. Benutzen Sie gesondertes Papier.*

## B: Den Brief vorbereiten

**1** *Betrachten Sie die Textaussagen, in denen Sie etwas über den Gast erfahren.*

*a)* Notieren Sie am Rand Stichpunkte, die ihn charakterisieren.

*b)* Welche Auswirkungen könnte dieser Streich für ihn haben?

___

___

**2** *Aus welchem Grund/Anlass könnte der Gast an den Bärenwirt schreiben? Notieren Sie ein paar Ideen auf einem Konzeptblatt.*

## Den Brief schreiben

**1** *Notieren Sie auf einem Stichwortzettel, was der Gast im Brief mitteilen könnte.*

**2** *Schreiben Sie Ihren Brief.*

**3** *Überprüfen und überarbeiten Sie Ihren Brief anhand der Checkliste.*

**Tipp**
Das Anredepronomen in der Höflichkeitsform (Sie) und seine grammatischen Formen werden großgeschrieben. Früher war die Anrede „Ihr" üblich.

## Checkliste

**Inhalt**

- ☐ Bezieht sich der Inhalt meiner Erzählung oder meines Briefes auf den Ausgangstext?
- ☐ Habe ich mich in die Figur hineinversetzt, aus deren Sicht ich schreibe?
- ☐ Gebe ich Gedanken und Gefühle dieser Figur gut wieder?
- ☐ Enthält meine Erzählung oder mein Brief eine originelle Idee?
- ☐ Ist der Ablauf meiner Geschichte oder der Inhalt meines Briefes schlüssig?
- ☐ Erfährt der Adressat den Anlass/Grund für das Schreiben des Briefes?

**Sprachliche Gestaltung und Form**

- ☐ Verwende ich Mittel des Erzählens, z. B.: Beschreibung, Schilderung, treffende Verben, Äußerung von Gedanken und Gefühlen, wörtliche Rede?
- ☐ Passen Zeitform und Schreibstil zur Textgrundlage?
- ☐ Passen Anrede und Schlussformel meines Briefes in die Zeit des Ausgangstextes?
- ☐ Habe ich das Anredepronomen „Sie" oder „Ihr" und seine Formen großgeschrieben?
- ☐ Entspricht die äußere Form einem Brief?
- ☐ Habe ich die Zeichensetzung überprüft?
- ☐ Habe ich die Rechtschreibung auf Fehlerquellen und Flüchtigkeitsfehler geprüft?
- ☐ Habe ich in Zweifelsfällen im Wörterbuch nachgeschlagen?
- ☐ Ist die äußere Form meiner Erzählung oder meines Briefes ansprechend?
- ☐ Ist meine Schrift gut lesbar?

**Hinweis:** Weitere Punkte zu Sprache, Rechtschreibung und Zeichensetzung entnehmen Sie der Checkliste auf S. 56.

## Weiterschreiben

Wenn Sie nach einer weiteren Trainingsmöglichkeit für das Schreiben eines Briefes suchen, lesen Sie den Brief von Sarah an ihre Eltern in der Geschichte „Liebe Mom, lieber Dad" auf S. 38. Schreiben Sie einen Antwortbrief der Eltern.

# Grammatik und Stil üben: wörtliche Rede

**Basiswissen** | **Wörtliche Rede**

Die wörtliche Rede kommt in verschiedenen Textsorten vor. In einer **Spielszene**, in der Figuren überwiegend in Dialogen oder Monologen sprechen, dominiert die wörtliche Rede. Vor der wörtlichen Rede steht meist nur die sprechende Figur. Eine Regieanweisung kann knapp beschreiben, wie die Figur spricht.
Beispiel:
*Löwenwirt (versucht, seine Entrüstung zu verbergen): „Geht zum Bärenwirt, ihm soll es ebenso ergehen!“*
*Gast (schmunzelnd): „Von dem komme ich gerade.“*

In **Prosaerzählungen** ist die wörtliche Rede ein Mittel, Figuren lebendig zu gestalten. Anführungszeichen stehen am Anfang und am Ende der wörtlichen Rede. Ein Begleitsatz kann vor, hinter oder innerhalb der wörtlichen Rede stehen. Seine Zeitform entspricht dem jeweiligen Erzähltempus.
Beispieldialog aus „Das wohlfeile Mittagessen“ von Johann Peter Hebel (S. 57):
*Der Wirt sagte: „Was soll das heißen? Seid Ihr mir nicht einen Taler schuldig?“ Der Gast erwiderte: „Ich habe für keinen Taler Speise von Euch verlangt …“*

**1** *Lesen Sie die Geschichte „Das wohlfeile Mittagessen“ (S. 57). Markieren Sie weitere Textstellen mit wörtlicher Rede. Achten Sie besonders auf die Stellung des Begleitsatzes und die Zeichensetzung.*

**2** *Redeeinleitende Verben (Verben des Sagens) in den Begleitsätzen sollten die Kommunikationsform genau bezeichnen, z. B.: sagen, sprechen, bemerken, meinen, erklären, erwidern, fragen, rufen, flüstern.*
*Ersetzen Sie in der Erzählung von Hebel die Verben des Sagens durch andere. Nutzen Sie den Rand neben der Geschichte.*

**3** *Schreiben Sie einen möglichen Dialog zwischen dem Bärenwirt und dem Gast. Entscheiden Sie selbst, ob Sie den Dialog einer Erzählung oder einer Spielszene schreiben. Setzen Sie den folgenden einführenden Satz mit Ihrem Dialog fort:*

*Der Bärenwirt fühlte sich hintergangen und wollte, dass es seinem Nachbarn, dem Löwenwirt, nicht besser ergehen solle.*

## Mein persönlicher Lerncheck

Schätzen Sie Ihren Lernstand in Hinblick auf die Aufgaben „Eine Geschichte weitererzählen“ „Die Perspektive wechseln: aus einer anderen Perspektive erzählen oder einen Brief schreiben“ ein. Beziehen Sie auch die Übungen zu „Grammatik und Stil üben“ mit ein. Schreiben Sie die Vorlage zum Lerncheck von der vorderen Umschlagseite dieses Arbeitsheftes ab und füllen Sie sie aus.

# Privater Geschäftsbrief

## Die Aufgabe

Es gibt Überlegungen, auf dem Schulhof der Beruflichen Schule, die Sie besuchen, eine Kamera zu installieren, um die Zerstörungswut einzudämmen.
Ihre Klasse ist dagegen und bittet Sie, als Klassensprecher/in einen entsprechenden Brief an den Schulleiter/die Schulleiterin zu schreiben.
Stellen Sie die Position Ihrer Klasse dar. Übermitteln Sie auch deren Vorschläge, wie man auf andere Art das Problem beseitigen könnte.
Ergänzen Sie fehlende Angaben zur Ausgangssituation, soweit dies erforderlich ist.

## Die Aufgabe verstehen

Diese Überlegungen helfen Ihnen, die Aufgabe zu bearbeiten:
- sich in die Person hineinversetzen, die den Brief schreibt
- sich den Adressaten des Briefes vorstellen
- die Regeln zur Gestaltung eines Briefes anwenden
- sich zu dem Sachverhalt begründet und schlüssig äußern

## Den privaten Geschäftsbrief vorbereiten

**1** *Setzen Sie sich mit der Aufgabenstellung auseinander und beantworten Sie die Fragen zu den Schwerpunkten*

*a)* Absender – Empfänger

Wer schreibt den Brief? ______________________________

Wer ist der Empfänger? ______________________________

In welchem Verhältnis stehen Absender und Empfänger zueinander?

______________________________

*b)* Anlass

Aus welchem Anlass wird der Brief geschrieben?

______________________________

Bezieht sich der Brief auf bereits vorausgegangene Schreiben?

______________________________

*c)* Ziel

Was will der Schreiber erreichen?

______________________________

______________________________

## Vom Absender zur Betreffzeile

**Arbeitstechnik** | **Den Brief gestalten: vom Absender bis zum Betreff**

Die Adressen des Absenders und des Empfängers, die Angabe von Ort und Datum, die Formulierung des Betreffs sowie die Anrede sind Bestandteile, die sich im ersten Teil des Briefes finden.
Achten Sie darauf, dass zwischen Angabe der Straße und des Ortes keine Leerzeile vorgesehen ist und zwischen Ort und Datum ein Komma steht. Falls Sie eine Telefonnummer angeben, wird diese nicht gegliedert. Nach der Vorwahl steht lediglich ein Leerzeichen.
Der Betreff wird „fett" hervorgehoben. Das Wort „Betreff" wird nicht geschrieben.

**Beispiel**

•
•
•
•

Name des Absenders (Petra Absender) — Ort (Musterstadt), Datum
Straße und Hausnummer (Musterfraustraße 10)
Postleitzahl und Ort (12345 Musterstadt)
evtl. Telefonnummer (0123 7891011)

•
•
•
•
•
•
•

Anrede (Herrn)
Name des Empfängers (Peter Empfänger)
Straße und Hausnummer (Mustermannstraße 12)
PLZ Ort (34567 Musterdorf)

•
•
•
•

**Betreff** (Hier wird kurz der Inhalt des Schreibens genannt.)

• steht für jeweils eine Leerzeile

**Tipp**
Amts- und Berufsbezeichnungen folgen auf die Anrede. Akademische Grade stehen vor dem Namen. Weitere Hinweise zur Brief-Formatierung finden sich unter www.dinbrief.de

**1** *Gestalten Sie die Betreffzeile.*

*a)* Markieren Sie die Formulierung, die Sie für die geeignetste halten.

Keine Überwachungskamera! – Beschwerde – Wir sind gegen die Überwachungskamera. – Überwachungskamera an der ...-Schule

*b)* Begründen Sie Ihre Wahl.

___

**2** *Setzen Sie sich mit der Anredeform auseinander.*

*a)* Kreuzen Sie die Formulierung an, die am besten passt.

- ☐ Sehr geehrte Damen und Herren
- ☐ Verehrte Frau Oberstudiendirektorin Meier-Müller / Verehrter Herr Oberstudiendirektor Meier-Müller
- ☐ Sehr geehrte Frau Oberstudiendirektorin Meier-Müller / Sehr geehrter Herr Oberstudiendirektor Meier-Müller
- ☐ Liebe Schulleiterin / Lieber Schulleiter

*b)* Begründen Sie Ihre Entscheidung.

______________________________________________

*c)* Notieren Sie das Satzzeichen, das nach der Anredeform steht. ____________________

**3** *Gestalten Sie den Teil des Briefes „Vom Absender zur Anrede“ für die vorliegende Aufgabe.*

Benutzen Sie ein gesondertes Blatt Papier.

## Ideen für den privaten Geschäftsbrief sammeln

**In Ihrer Klasse wurde über die mögliche Installation einer Überwachungskamera auf dem Schulhof gesprochen. Dabei wurden viele Bedenken geäußert. Die Diskussion war bisweilen sehr emotional.**

**1** *Ergänzen Sie die leeren Sprechblasen, indem Sie weitere Meinungen hinzufügen.*

**2** *Erstellen Sie aus diesen Äußerungen einen Katalog mit sachlich formulierten Argumenten.*

→ Aussage: Es geht auch ohne Kamera.
Argument: Das zeigt sich an Schulen, bei denen Schülermitkontrolle eingeführt wurde.

→ ______________________________________________

**3** *Notieren Sie, wessen Äußerung Sie nicht in Ihrem Brief weitergeben werden. Begründen Sie Ihre Meinung.*

**4** *Ordnen Sie die Argumente nach einem nachvollziehbaren Prinzip. Schreiben Sie eine entsprechende Nummerierung an den Rand.*

**Basiswissen** | **Argumente formulieren**

Bei der Bewertung des Briefes wird berücksichtigt, wie Sie sich argumentativ mit der Sachlage auseinandersetzen. Sie sollten Ihre Position sachlich begründen, höflich und angemessen schreiben.

**Tipp**
Sie können beispielsweise vom unwichtigsten zum wichtigsten Aspekt kommen oder vom persönlichen zum allgemeinen.

## Test

Lesen Sie die beiden folgenden Textauszüge. Notieren Sie, welcher der beiden Texte überzeugender wirkt. Begründen Sie Ihre Meinung.

**Text 1**
Die Grenzen zwischen der Überwachung des Schulhofes und der Überwachung von Menschen sind fließend. Orwell lässt grüßen! Big Brother is watching you.

**Text 2**
Die Überwachung des Schulhofes mit einer Überwachungskamera ist nicht unproblematisch. Alle, die sich dort aufhalten, werden fotografiert: wer sich gerade mit seinen Klassenkameraden unterhält genau so wie der Randalierer. Die Fotos werden eine Zeit lang gespeichert und erst dann wieder gelöscht. Das heißt, alles wird für einen gewissen Zeitraum festgehalten.

**5** *Welche Möglichkeiten sehen Sie, das Problem – ohne Überwachungskamera – in den Griff zu bekommen? Halten Sie Ihre Ideen schriftlich fest.*

**Tipp**
Formulieren Sie Antworten auf W-Fragen:
Wer könnte was tun?
Wie ist das realisierbar?

# Den privaten Geschäftsbrief schreiben

Ihren Brief sollten Sie gut strukturieren.

**Arbeitstechnik** | **Einen Brief strukturieren**

Schon in der Betreffzeile haben Sie deutlich gemacht, worum es in diesem Brief geht. Ihren eigentlichen Brieftext sollten Sie gut strukturieren, um dem Empfänger Ihre Interessen übersichtlich und überzeugend darzulegen.
Zunächst sollten Sie anführen, was Sie zu dem Schreiben des Briefes veranlasst hat.
Dann folgt Ihre Position zu dem Sachverhalt und – falls es die Aufgabe vorsieht – die Darlegung Ihrer Lösungsvorschläge.
Zum Schluss runden Sie die Thematik ab und schließen mit einem Gruß.

**1** *Welcher der folgenden Schlusssätze ist dem Anlass Ihres Schreibens angemessen?*

*a)* Kreuzen Sie an.

- ☐ Wir erwarten Ihre Antwort bald.
- ☐ In der Hoffnung auf eine positive Reaktion Ihrerseits verbleiben wir ...
- ☐ Einem so kompetenten Schulleiter wie Ihnen ist sicherlich klar, dass unsere Argumentation nachvollziehbar und überzeugend ist.
- ☐ Wir hoffen sehr, dass die Ausführungen noch einmal deutlich gemacht haben, dass wir das Problem sehen, aber auf keinen Fall mit der Installation einer Überwachungskamera einverstanden sind.

*b)* Begründen Sie Ihre Wahl.

______________________________

______________________________

**2** *Finden Sie eine abschließende Grußformel. Markieren Sie diese.*
MfG • Mit freundlichen Grüßen • Hochachtungsvoll • Vielen Dank und viele Grüße • Mit noch freundlichen Grüßen • In der Hoffnung auf bessere Zeiten • Gruß von der Basis an die Schulleitung • LG • Viele liebe Grüße

**3** *Ist es sinnvoll, dem Brief Anlagen beizufügen? Begründen Sie Ihre Antwort.*

______________________________

______________________________

**Tipp**
Falls Sie einem Brief Anlagen hinzufügen wollen, dann erscheint das Wort „Anlagen“ am Ende Ihres Briefes ohne Unterstreichung, eventuell durch Fettdruck hervorgehoben.

**4** *Schreiben Sie Ihren privaten Geschäftsbrief. Benutzen Sie dazu ein gesondertes Blatt Papier.*

**5** *Überprüfen und überarbeiten Sie Ihren Brief anhand der Checkliste.*

## Checkliste

### Inhalt

- ☐ Habe ich mich in die Person hineinversetzt, aus deren Sicht ich schreibe?
- ☐ Erfährt der Adressat den Anlass/Grund für das Schreiben des Briefes?
- ☐ Wird mein Standpunkt deutlich?
- ☐ Begründe ich meinen Standpunkt überzeugend?
- ☐ Ist der Inhalt meines Briefes schlüssig?

### Aufbau

- ☐ Habe ich meinen Brief strukturiert?
- ☐ Ist mein Aufsatz übersichtlich in Abschnitte gegliedert?
- ☐ Rundet ein Schlusssatz meinen Brief ab?

### Sprachliche Gestaltung und Form

- ☐ Passen Anrede und Schlussformel zu Adressat und Ausgangstext?
- ☐ Habe ich das Anredepronomen „Sie“ oder „Ihr“ und seine Formen großgeschrieben?
- ☐ Habe ich mein Anliegen höflich vorgebracht?
- ☐ Entspricht die äußere Form einem Brief?
- ☐ Habe ich die Regeln der DIN-Norm 5008 angewandt?
- ☐ Ist mein Ausdruck klar, verständlich und angemessen?
- ☐ Habe ich meinen Brief überwiegend im Verbalstil verfasst?
- ☐ Habe ich überflüssige Füllwörter vermieden?
- ☐ Habe ich Wörter nachgeschlagen, bei deren Schreibweise ich unsicher war?
- ☐ Habe ich meinen Brief auf häufige Rechtschreibfehler überprüft?
- ☐ Habe ich Flüchtigkeitsfehler gefunden und korrigiert?
- ☐ Habe ich die Regeln der Zeichensetzung beachtet?
- ☐ Ist die äußere Form meines Briefes ansprechend?
- ☐ Ist meine Schrift gut lesbar?

## Grammatik und Stil üben: verständlicher Sprachstil

Die Berücksichtigung aller Interessen ist nicht immer leicht. Dennoch war der Beschluss der Klassenversammlung der, dass die Weiterführung der Gespräche zwischen allen Beteiligten wieder ins Auge gefasst werden soll. Klar wurde auch, dass in der Kürzung der Hausmeisterstunden ein nicht unwesentlicher Grund für die aktuelle unbefriedigende Situation liegt. Bei Rückfragen können Sie sich gerne an uns wenden. Die Hinzuziehung von Mitgliedern unserer Klasse als Datenschutzexperten bieten wir an.

**1** *Notieren Sie, wie diese Sätze auf Sie wirken.*

______________________________________________

**2** *Welche Wortart kommt am häufigsten vor?*

*a)* Kreuzen Sie diese an.

☐ Nomen ☐ Verb ☐ Subjekt ☐ Präposition

*b)* Markieren Sie die entsprechenden Wörter im Text.

**Basiswissen** | **Verbalstil und Nominalstil**

Sätze, die im Verbalstil verfasst sind, klingen besser als Sätze, die von Nomen geprägt sind. Mit Verben schreiben Sie aktiv und lebendig.

Nominalstil

**Beispiel:** *Trotz emotionaler Auseinandersetzung mit diesem Thema sollte die Suche nach einer Lösung nicht aufgegeben werden.*

Verbalstil

*Obwohl wir uns emotional mit diesem Thema auseinandergesetzt haben, sollten wir alle weiter nach einer Lösung suchen.*

**3** *Wandeln Sie die Sätze im Ausgangstext entsprechend um.*

______________________________

______________________________

______________________________

**4** *Vergleichen Sie die Sätze im Ausgangstext mit den von Ihnen gebildeten Sätzen. Beurteilen Sie die Wirkung.*

______________________________

**5** *Analysieren Sie die folgenden Textbausteine.*

*a)* Was fällt Ihnen auf?

______________________________

Wir möchten Sie höflichst bitten • Hiermit stellen wir klar • Es wird gebeten, unsere Bedenken zu berücksichtigen. • Wir machen Sie darauf aufmerksam, dass unsere Vorschläge vertraulich zu behandeln sind. • Die Situation wurde Ihnen hiermit dargelegt. • Wir würden uns freuen, wenn Sie sich unserer Meinung anschließen könnten. • Würden Sie uns bitte informieren, ob Sie mit unseren Vorschlägen einverstanden sind? • Für eine baldige Antwort wären wir Ihnen dankbar.

**Basiswissen** **Sprachstil**

Sätze, die im Aktiv verfasst sind, klingen persönlicher und lebendiger als Sätze im Passiv. Höflichkeit sollte immer in einem Brief gewahrt werden. Von übertriebenen Höflichkeitsbekundungen sollte man Abstand nehmen. Überflüssige Füllwörter sollte man vermeiden.

**Beispiel:** *Hiermit* (Füllwort) *wird* (Passiv) *höflichst gebeten,* (übertrieben) *unsere Bedenken zu berücksichtigen.*

→ *Wir bitten Sie, unsere Bedenken zu berücksichtigen.*

*b)* Formulieren Sie die Sätze entsprechend um.

______________________________

______________________________

______________________________

______________________________

## Mein persönlicher Lerncheck

Schätzen Sie Ihren Lernstand im Hinblick auf die Aufgabe „Einen persönlichen Geschäftsbrief schreiben“ ein. Beziehen Sie auch die Übungen zu Grammatik und Stil mit ein.
Schreiben Sie die Vorlage zum Lerncheck von der vorderen Umschlagseite dieses Arbeitsheftes ab und füllen Sie diese aus.

## Weiterschreiben

Wenn Sie nach einer weiteren Trainingsmöglichkeit für den persönlichen Geschäftsbrief suchen, befassen Sie sich mit folgender Aufgabenstellung.

Ihre Berufsschulklasse ist in einer großen Beruflichen Schule untergebracht, in der auch Klassen unterrichtet werden, in denen Schülerinnen und Schüler auf einen mittleren Bildungsabschluss vorbereitet werden.
Ihre Klasse möchte gerne zu Mitschülerinnen und Mitschülern einer solchen Klasse in Kontakt treten, um dort darzulegen, welche Anforderungen das Berufsleben an Auszubildende stellt.
Schreiben Sie einen Brief an den Klassenlehrer/die Klassenlehrerin der gewünschten Klasse, in dem Sie Ihre Idee darlegen. Machen Sie deutlich, welche Inhalte Sie vermitteln wollen und wie Sie Ihre Ziele erreichen wollen.
Ergänzen Sie fehlende Angaben zur Ausgangssituation, soweit dies erforderlich ist.

# Rechtschreibung und Zeichensetzung

## Großschreibung von Nomen

Nomen werden immer großgeschrieben.
An folgenden Merkmalen erkennen Sie Nomen:

**Basiswissen 1** **Grundmerkmal für Nomen: Artikel und andere Begleiter**

Nomen werden von einem Artikel (der, die, das, ein, eine) begleitet: ***der*** *Schüler/* ***ein*** *Schüler,* ***die*** *Schülerin/****eine*** *Schülerin,* ***das*** *Haus/****ein*** *Haus*
Auch einige Pronomen können Begleiter von Nomen sein:
- hinweisende Pronomen (Demonstrativpronomen): ***dieses/jenes*** *Ergebnis*
- besitzanzeigende Pronomen (Possessivpronomen): ***mein/dein/Ihr/sein/ihr/unser/euer/ihr*** *Buch*
- unbestimmte Pronomen (Indefinitpronomen): ***etwas*** *Geld,* ***viel*** *Arbeit,* ***manches*** *Bekannte,* ***kein*** *Interesse*

Hilfe: Steht vor einem Nomen kein Artikel oder Pronomen, kann man die Artikelprobe machen: *Wörterbücher helfen Schülern und Lehrern.*
Artikelprobe (im Satz!): ***Die*** *Wörterbücher helfen* ***den*** *Schülern und* ***den*** *Lehrern.*

**1** *Untersuchen Sie den folgenden Text.*

*a)* Unterstreichen Sie alle Nomen und deren Begleiter.

*b)* Machen Sie die Artikelprobe, wenn kein Begleiter vorhanden ist.

Das Bewerben um einen Arbeitsplatz ist Überzeugungsarbeit. Als Bewerber wollen Sie den Arbeitgeber davon überzeugen, dass Sie gut zu ihm passen. Ihr Auftreten sollte eine positive Ausstrahlung haben und Vertrauen wecken, denn Sie wollen etwas Bestimmtes erreichen.

**Basiswissen 2** **Verschmelzung des Artikels mit einer Präposition**

**Artikel** können mit einer **Präposition** zu einem Wort **verschmelzen**. Auch wenn der Artikel nicht auf den ersten Blick sichtbar ist, erfüllt er seine Funktion als Begleiter von Nomen. Beispiel: ***Am*** *Montag schreiben wir einen Test.*
→ ***An dem*** *Montag schreiben wir einen Test.*

**2** *Üben Sie die Verschmelzung von Präposition und Artikel.*

*a)* Ersetzen Sie Präposition und Artikel durch die Verschmelzung.

Bei dem Test musste ich mich sehr konzentrieren.

______________________________

Wir gingen gemeinsam in das Museum.

______________________________

*b)* Lösen Sie die Verschmelzung auf, unterstreichen Sie das Nomen und kreisen Sie den Artikel ein. Beispiel: *im Buch* → *in* *dem* ***Buch***

Im Schulgebäude darf nicht geraucht werden.

___

Der Bus fährt zur Berufsschule.

___

Fürs Vortragen erhielt er einen Preis.

___

## Basiswissen 3 Präpositionen vor Nomen

**Präpositionen** stehen oft ohne Artikel vor Nomen und verändern deren Fall (Kasus). Beispiel: Wir hörten **mit** Begeisterung zu. Auch hier hilft die Artikelprobe, das Nomen eindeutig zu erkennen. Beispiel: Wir hörten mit der Begeisterung zu.
Achtung: Der Artikel zeigt den veränderten Fall des Nomens an.

**3** *Verbinden Sie folgende Präpositionen, Nomen und Verben zu sinnvollen Wortgruppen. Unterstreichen Sie jeweils das Nomen. Achten Sie auf den richtigen Fall des Nomens.* Beispiel: *mit Freude singen*

*auf • Lust • bei • singen • die Schule • die Ferien • Freude • die Arbeit • neben • für • lernen • jobben • der Test • ohne • schwitzen • freuen • trainieren • mit*

___

___

___

___

## Basiswissen 4 Nominalisierung von Verben und Adjektiven

Wörter anderer Wortarten können zu Nomen werden, wenn sie von einem Artikel oder Pronomen begleitet werden oder begleitet werden können (Artikelprobe). Man sagt dann, sie werden **nominalisiert**. Am häufigsten kommt die Nominalisierung bei Verben und Adjektiven vor, z. B.: *das Schreiben, dieses Auftreten, mein Wissen, viel Neues, manches Interessante, wenig Vertrautes.*
Auch in festen Wendungen werden Wörter anderer Wortarten durch einen Artikel nominalisiert, z. B. *im Allgemeinen, im Wesentlichen, im Übrigen, im Einzelnen.*

**4** *Untersuchen Sie die Nominalisierungen im Beispieltext der Aufgabe 1, S. 70.*

*a)* Markieren Sie mit einem Textmarker die Nomen, die aus einem Verb oder einem Adjektiv hervorgegangen (nominalisiert) sind.

*b)* Schreiben Sie das Wort in seiner ursprünglichen Wortart an den Rand.

**5** *Vervollständigen Sie den Lückentext, indem Sie die Adjektive* **schön, wichtig, bestimmt, auffällig, neu** *mithilfe der unbestimmten Pronomen* **etwas, viel, manches, nichts** *nominalisieren.* Beispiel: *schön → etwas Schönes*

Mit einer Bewerbung will man ______________________ erreichen.

______________________ habe ich einem Informationstext zur Bewerbung entnommen.

Bei einer ärztlichen Untersuchung ist ______________________ entdeckt

worden. ______________________ zum Thema Stellenangebote ergab leider ein

Gespräch in der Arbeitsagentur.

**6** *Nominalisieren Sie die Verben* **schreiben, auftreten, diskutieren, reden, schweigen** *mithilfe der Possessivpronomen* **mein, dein, sein, euer, ihr.**
Verwenden Sie jede Wortgruppe in einem Satz. Schreiben Sie in Ihr Heft.

**7** *Tauschen Sie die Sätze mit einer Partnerin oder einem Partner aus und kontrollieren Sie die Rechtschreibung.*

### Basiswissen 5 – Erweiterung von Nomen durch Adjektive

Nomen können durch Adjektive näher beschrieben werden. Das Adjektiv tritt dann zwischen Artikel, Pronomen oder Präposition und Nomen. Auch die **Erweiterungsprobe** ist eine Möglichkeit, ein Nomen zu erkennen. Beispiel: *das Vertrauen → das **große** Vertrauen / ein **großes** Vertrauen / **großes** Vertrauen / mit **großem** Vertrauen*

**8** *Üben Sie die Erweiterungsprobe. Erweitern Sie die Nomen mit den passenden Adjektiven:* **fleißig, korrekt, lang, sicher, intensiv, selbstständig**

durch Schreiben – durch ______________________ Schreiben

mit Üben ______________________

beim Lernen ______________________

mit Auftreten ______________________

ohne Zögern ______________________

Verwenden Sie jede Wortgruppe in einem Satz. Arbeiten Sie in Ihrem Heft.

**Achtung! Einige Wörter werden immer kleingeschrieben,**
auch wenn sie auf den ersten Blick wie Nomen aussehen:
- *beide, die beiden, diese beiden, alle beide, einer von beiden.*
- die Wörter *spitze, angst, bange, klasse, schuld, pleite* in Verbindung mit dem Verb *„sein"*, z. B.: *Mir ist angst und bange. Du bist spitze. Ihr seid klasse. Wir sind pleite. Sie sind schuld.*
- Manche Nomen werden zu Präpositionen, z. B.: *dank seiner Hilfe, kraft des Gesetzes, laut Protokoll, zeit seines Lebens.*

**9** *Ergänzen Sie in den folgenden Sätzen passende Ausdrücke aus den oben genannten Beispielen.*

Sie haben es ______________________ deiner Hilfe geschafft. Sie sind nicht mehr

______________________ .

Leider muss ich Sie ______________________ des Gesetzes verurteilen. Sie sind

______________________ Protokoll an dem Unglück ______________________ .

________________ haben ________________ ihres Lebens Glück gehabt. Sie

sind einfach ________________ .

## Test

**1** *Schreiben Sie die folgenden Sätze in der richtigen Groß- und Kleinschreibung auf. Kennzeichnen Sie die Nomen und die Wörter, die sie begleiten.*
Führen Sie, wo nötig, die Artikelprobe durch. Notieren Sie, welche der Regeln aus dem Basiswissen zutrifft. (Achtung: Das Anredepronomen „Sie" wird in all seinen grammatischen Formen großgeschrieben!)

DAS BEWERBEN UM EINEN ARBEITSPLATZ VERLANGT OFTMALS GEDULD UND AUSDAUER. DAS SCHREIBEN EINER BEWERBUNG MUSS FORMAL UND INHALTLICH KORREKT SEIN. EIN OBERFLÄCHLICHES VERFASSEN DES BEWERBUNGSTEXTES IST UNBEDINGT ZU VERMEIDEN. DAS LESEN IHRER BEWERBUNG SOLLTE SOZUSAGEN EIN LESEVERGNÜGEN SEIN. DAS AUFTRETEN VON FEHLERN WÜRDE DIES STÖREN.

______________________________________________________________

______________________________________________________________

______________________________________________________________

______________________________________________________________

______________________________________________________________

______________________________________________________________

# Groß- und Kleinschreibung von Tageszeiten und Wochentagen

**Im folgenden Beispieltext finden Sie die wichtigsten Fälle der Groß- und Kleinschreibung von Tageszeiten und Wochentagen.**

Vielen Dank für Ihre Bewerbung. Wir laden Sie am Dienstagmorgen zu einem Vorstellungsgespräch ein. Melden Sie sich bitte morgen Nachmittag bei unserer Personalabteilung, um für Dienstag noch einige Details zu klären. Wir stehen Ihnen nachmittags zwischen 15 und 17 Uhr zur Verfügung.

**1** *Untersuchen Sie im Beispieltext oben die Schreibung von Tageszeiten und Wochentagen.*

*a)* Unterstreichen Sie alle Angaben von Tageszeiten und Wochentagen im Text.

*b)* Übertragen Sie die Tabelle in Ihr Heft und ordnen Sie diese Angaben ein.

| immer Kleinschreibung (Zeitadverbien) z. B. *abends* | Klein- und Großschreibung (Adverb und Nomen) z. B. *heute Abend* | Großschreibung (Nomen mit und ohne Begleiter) z. B. *am Abend* |
|---|---|---|

*c)* Schreiben Sie in jede Spalte zwei eigene Beispiele.

**2** *Schreiben Sie den Text ab und setzen Sie passende Tageszeiten und Wochentage in die Lücken.*

Als ich ______________ den Antwortbrief der Firma las, war ich überglücklich. Man lädt mich ______________ um 10 Uhr zu einem Vorstellungsgespräch ein. Ich hatte die Bewerbung erst ______________ abgeschickt. Ab ______________ werde ich mich intensiv darauf vorbereiten. Meine Freizeitaktivitäten – besonders ______________ – werde ich einschränken. Ich will alles versuchen, um ______________ topfit zu sein.

**3** *Üben Sie die Schreibung von Tageszeiten und Wochentagen im Partnerdiktat.*

*a)* Diktieren Sie Ihrer Partnerin/Ihrem Partner den Text aus Aufgabe 1.

*b)* Kontrollieren Sie gemeinsam die Rechtschreibung.

*c)* Lassen Sie sich jetzt den Text aus Aufgabe 2 diktieren.

*d)* Kontrollieren Sie gemeinsam die Rechtschreibung.

# Zusammen- und Getrenntschreibung

**Basiswissen 6** **Zusammenschreibung von Nomen und Verb**

Zusammensetzungen aus einem Verb und einem kaum noch als Nomen erkennbaren Bestandteil haben oft nur noch zusammen eine Bedeutung. Man schreibt sie zusammen, z. B.: *leidtun, teilnehmen, standhalten, stattfinden, nottun, kopfstehen, eislaufen.*

**1** *Schreiben Sie die Sätze ab und ergänzen Sie passende Verben.*

Das wird dir bestimmt noch ______________________.

Am Dienstag wird ein wichtiges Gespräch ______________________.

An dem Trainingskurs werde ich auf jeden Fall ______________________.

Dem Prüfungsdruck werde ich hoffentlich ______________________.

**Achtung!** Die Zusammenschreibung kann durch die Stellung des Verbs im Satz zur Getrenntschreibung werden. Der aus einem Nomen hervorgegangene erste Teil der Zusammensetzung tritt dann hinter das Verb und wird kleingeschrieben.
Präsens: *Das tut mir leid.* Präteritum: *Das tat mir leid.*

**2** *Ergänzen Sie die in Klammern stehenden Verben in ihrer richtigen Form.*

Am Donnerstag ______________ das wichtige Gespräch ______________. (stattfinden) An dem Trainingskurs ______________ ich auf jeden Fall ______________. (teilnehmen) Hoffentlich ______________ ich dem Trainingsdruck ______________! (standhalten) Das ______________ mir aufrichtig ______________. (leidtun)

**Basiswissen 7** **Zusammenschreibung von Adjektiv und Verb**

Adjektiv und Verb schreibt man zusammen, wenn die wörtliche Bedeutung der einzelnen Bestandteile verblasst ist und das Wort nur noch in der Zusammensetzung eine Bedeutung hat. Beispiel: *Die Prüfung ist mir schwergefallen.* Übertragene Bedeutung: *Ich musste mich sehr anstrengen.*
Adjektiv und Verb schreibt man getrennt, wenn jedes Wort in seiner wörtlichen Bedeutung auftritt. Beispiel: *Er ist auf der Treppe schwer gefallen.*

**1** *Ordnen Sie den Zusammenschreibungen folgende übertragene Bedeutungen zu.*

Recht haben, ungerührt sein, etwas beibehalten, den Durchblick haben, etwas Schlechtes verbreiten, ungelöst/ungeklärt bleiben, absichern/garantieren, erinnern, misslingen

kalt lassen – aber *kaltlassen:* ______________________

schief gehen – aber *schiefgehen:* ______________________

klar sehen – aber *klarsehen:* ______________________

hoch halten – aber *hochhalten:* ______________________

richtig liegen – aber *richtigliegen:* ______________________

schlecht machen – aber *schlechtmachen:* ______________________

offen bleiben – aber *offenbleiben:* ______________________

sicher gehen – aber *sichergehen:* ______________________

wach halten – aber *wachhalten:* ______________________

## Test

**1** *Getrennt oder zusammen? Schreiben Sie ab und ergänzen Sie das passende Verb.*

Deine Informationen waren sehr hilfreich, nun kann ich wieder ______________ .

Es verletzt mich sehr, dass meine Gefühle dich völlig ______________ .

Meine Rückenschmerzen waren so stark, dass ich nur noch ______________ konnte. Auf Grund meiner Vorbereitung glaube ich, dass bei dem morgigen Test nichts ______________ wird.

Einige Fragen werden wohl ______________ .

Sie sollten das Plakat ______________ , damit wir es besser sehen können.

Die Erinnerung an den Zweiten Weltkrieg sollten wir ______________ .

Die Fenster müssen ______________ , wir brauchen frische Luft. Ich habe es satt, dass du mich immer vor anderen ______________.

## Die Konjunktion „dass“

Nebensätze, die der Hauptsatz unbedingt braucht, beginnen häufig mit der Konjunktion „dass“, z. B.: *Ich bin der Meinung, dass du das gut machst.* Vor der Konjunktion „dass“ steht ein Komma.

**1** *Schreiben Sie die folgenden Satzanfänge ab und führen Sie den Nebensatz jeweils zu Ende. Vergessen Sie das Komma vor „dass“ nicht.*

Ich hoffe, dass ...
Ich glaube, dass ...
Ich denke, dass ...
Die Diskussion ergab, dass ...
Experten gehen davon aus, dass ...

## Der s-Laut – s, ss oder ß?

Nach kurzem Vokal steht ss.
Häufige Nomen mit ss am Ende:
*Pass, Bass, Boss, Hass, Imbiss, Fluss, Prozess, Abschluss, Riss, Einlass*

**1** *Bilden Sie zusammengesetzte Nomen, z. B.: der Pass + das Foto = das Passfoto.*

Nach langem Vokal steht ß oder s.
ß klingt stimmlos (zischt), z. B. *Straße*, s klingt stimmhaft (summt), z. B. *Nase*.
In einer Wortfamilie können ss und ß abwechseln: ss nach kurzem Vokal, ß nach langem Vokal, z. B.: *essen – er isst – er aß – das Essen – essbar.*
kurz kurz lang kurz kurz
Das s nach langem Vokal bleibt bei allen Wörtern der Wortfamilie bestehen, z. B. *beweisen – der Beweis – nachweisen – die Weisung*

**2** *Üben Sie die Schreibung von Wörtern mit ss und ß.*

*a)* Lesen Sie die Wörterreihe.

*b)* Decken Sie die Reihe zu.

*c)* Schreiben Sie die Wörter auswendig auf.

*d)* Kontrollieren Sie die Schreibung.

*lassen– er lässt – er ließ – der Verlass – verlässlich*
*vergessen – sie vergisst – sie vergaß – vergesslich*
*beschließen – er beschließt – er beschloss – der Beschluss – schließen – schließlich*
*wissen – sie weiß – sie wusste – wissentlich - das Wissen*

*e)* Sammeln Sie Wörter aus den Wortfamilien von *messen* und von *lesen*.

# Zeichensetzung: Komma zwischen Haupt- und Nebensatz

Fünf Schritte zum richtigen Komma:

**Basiswissen 8** **Nebensätze erkennen – Komma setzen**

Nebensätze werden durch Komma vom Hauptsatz getrennt. Nebensätze können vor dem Hauptsatz (Spitzenstellung), nach dem Hauptsatz (Endstellung) oder eingebettet in den Hauptsatz (Einbettung) stehen.
Die Satzanalyse in fünf Schritten hilft bei der sicheren Kommasetzung.

**Schritt 1:** die Konjunktion finden
Nebensätze werden meist mit unterordnenden Konjunktionen eingeleitet,
z. B.: *weil, als, dass, sodass, nachdem, wenn, obwohl.*
Beispiel: *Ich kenne meine Stärken und Schwächen, [weil] ich nachgedacht habe.*

**Schritt 2:** die gebeugte Verbform finden
Die gebeugte Verbform steht meist am Ende eines Nebensatzes.
Beispiel: *Ich kenne meine Stärken und Schwächen, weil ich nachgedacht* ***habe****.*

**Schritt 3:** die Abhängigkeit des Nebensatzes prüfen
Der Nebensatz kann nicht allein stehen, da er vom Hauptsatz abhängig ist.
Probe: *weil ich nachgedacht habe* → unselbstständiger Satz

**Schritt 4:** den Hauptsatz erkennen
Der Hauptsatz kann allein stehen, er ist selbstständig.
Probe: *Ich kenne meine Stärken und Schwächen.*

**Schritt 5:** das Komma setzen

Hauptsatz — Nebensatz
*Ich kenne meine Stärken und Schwächen, [weil] ich nachgedacht* ***habe****.*
Konjunktion — gebeugte Verbform

Steht der Nebensatz vor dem Hauptsatz (Spitzenstellung), setzt man das Komma nach der gebeugten Verbform im Nebensatz.
*[Weil] ich nachgedacht* ***habe****, kenne ich meine Stärken und Schwächen.*
Satzbild: ............................ , ____________________________ .

Steht der Nebensatz nach dem Hauptsatz (Endstellung), setzt man das Komma vor die Konjunktion.
*Ich kenne meine Stärken und Schwächen, [weil] ich nachgedacht* ***habe****.*
Satzbild: ____________________________ , ............................ .

Ist der Nebensatz in den Hauptsatz eingebettet (Einbettung), setzt man das Komma vor der Konjunktion und nach der gebeugten Verbform im Nebensatz.
*Ich kenne, [weil] ich nachgedacht* ***habe****, meine Stärken und Schwächen.*
Satzbild: ______ , ............................ , ____________________________ .

**1** *Untersuchen Sie die folgenden Sätze und setzen Sie die Kommas.*

*a)* Schreiben Sie die Sätze ab.

*b)* Untersuchen und bearbeiten Sie die Sätze nach den Schritten 1 bis 5.

*c)* Zeichnen Sie jeweils das passende Satzbild daneben.

Als ich meine Bewerbungen abgeschickt hatte war ich sehr erleichtert.
Ich hoffe sehr dass ich die eine oder andere positive Rückmeldung bekomme.
Ich werde die Arbeitsstelle wenn sich nichts ändert pünktlich antreten.
Ich erreichte den Betrieb noch rechtzeitig obwohl der Zug Verspätung hatte.
Weil ich kontaktfreudig bin möchte ich gerne als Einzelhandelskaufmann(frau) arbeiten.
Ich werde weil dies gefordert wird ein neues Passfoto anfertigen lassen.

## Komma bei der Infinitivgruppe mit „zu"

**Basiswissen 9** **Infinitivgruppe mit „zu"**

Die Infinitivgruppe mit „zu" wird vom Hauptsatz durch ein Komma getrennt. Häufig wird die Infinitivgruppe mit „zu" mit den Signalwörtern *um*, *ohne*, *anstatt*, *außer*, *statt* und *als* eingeleitet, am Ende steht immer das Wörtchen *zu* und der *Infinitiv des Verbs*.
Die Infinitivgruppe mit „zu" kann wie ein Nebensatz vor, nach oder im Hauptsatz stehen.

Hauptsatz — Infinitivgruppe mit „zu"

*Er bedachte vor der Prüfung alle Einzelheiten, außer den Wecker **zu stellen**.*

Signalwort — zu + Infinitiv

Infinitivgruppe mit „zu" — Hauptsatz

*Außer den Wecker **zu stellen**, bedachte er vor der Prüfung alle Einzelheiten.*

Signalwort — zu + Infinitiv

Hauptsatz (Teil 1) — Infinitivgruppe mit „zu" — Hauptsatz (Teil 2)

*Er bedachte vor der Prüfung, außer den Wecker **zu stellen**, alle Einzelheiten.*

Signalwort — zu + Infinitiv

**1** *Unterstreichen Sie in den folgenden Sätzen die Infinitivgruppe mit „zu", kreisen Sie jeweils das Signalwort ein und setzen Sie Kommas.*

Um pünktlich zum Gesprächstermin zu kommen fahre ich mit dem Fahrrad. Es bleibt mir keine andere Wahl als noch eine weitere Bewerbung zu schreiben. Ohne das Ende des Gesprächs abzuwarten verließ ein Teilnehmer das Büro. Ich habe mich am Abend vor der Prüfung um auf jeden Fall ausgeschlafen zu sein früh ins Bett gelegt. So werde ich die Prüfung bestimmt schaffen ohne unkonzentriert zu sein und müde zu werden.

**Basiswissen 10** **Ankündigung durch Verweiswort**

Manchmal kündigt ein hinweisendes Wort (Verweiswort) bereits im Hauptsatz die Infinitivgruppe mit „zu" an. Auch dann trennt ein Komma die Infinitivgruppe mit „zu" vom Hauptsatz.

Hauptsatz Infinitivgruppe mit „zu"
*Ich liebe [es], lange zu schlafen.*
Verweiswort zu + Infinitiv

Hauptsatz Infinitivgruppe mit „zu"
*Ich denke [daran], dich morgen zu besuchen.*
Verweiswort zu + Infinitiv

Hauptsatz Infinitivgruppe mit „zu"
*Ich habe nicht [damit] gerechnet, sie zu sehen.*
Verweiswort zu + Infinitiv

**2** *Rahmen Sie in den folgenden Sätzen das Verweiswort im Hauptsatz ein, unterstreichen Sie die Infinitivgruppe mit „zu" und setzen Sie die Kommas.*

Ihr größter Wunsch ist es eine gute Musikausbildung zu erhalten. Ich habe nicht im Traum daran gedacht die Stelle noch zu bekommen. Sie muss damit leben ihren Lieblingssport nicht mehr ausüben zu können. Wichtig ist es ein Bewerbungsschreiben formal und inhaltlich richtig zu gestalten.

## Gleicher Klang – unterschiedliche Schreibung

*seit – seid* • *lehren – leeren* • *Mann – man* • *Meer – mehr* • *Rad – Rat* •
*Seite – Saite* • *Tod – tot* • *Wal – Wahl* • *war – wahr* • *wieder – wider*

Die Bedeutung erkennt man im Satzzusammenhang:
***Seit*** *einem Jahr besuche ich die Berufsschule. – Ihr* ***seid*** *sehr fleißig.*

**1** *Schreiben Sie zu jedem Wortpaar zwei kurze Sätze, in denen die Bedeutung der Wörter deutlich wird.*

## Testtraining

Auswahltests unterscheiden sich erheblich von dem, was Sie von Klassenarbeiten kennen. Ungewohnte Aufgabenstellungen, die Verschiedenartigkeit der Aufgaben und der große Zeitdruck machen den Unterschied aus. Es ist also ganz wichtig, sich vorher mit diesen Testformen vertraut zu machen.

In den folgenden Testaufgaben geht es um Rechtschreibung und Zeichensetzung. Weitere Aufgaben aus den anderen Testbereichen finden Sie in Ratgeberbüchern zum Testtraining.

**1** *Kreuzen Sie die richtige Schreibweise an.*

| | | | |
|---|---|---|---|
| a) Karusell ☐ | b) Karussell ☐ | c) Karrussel ☐ | d) Karrussell ☐ |
| e) paralell ☐ | f) parallel ☐ | g) parralel ☐ | h) parallell ☐ |
| i) Rhytmus ☐ | j) Rythmus ☐ | k) Rhythmus ☐ | l) Rytmus ☐ |

**2** *Welche Schreibung ist richtig? Kreuzen Sie an.*

| | |
|---|---|
| a) Des morgens kommt der Verkehr zum Erliegen. ☐ | e) Er kann gut Rad fahren. ☐ |
| b) Des Morgens kommt der Verkehr zu erliegen. ☐ | f) Er kann gut rad fahren. ☐ |
| c) Des Morgens kommt der Verkehr zum Erliegen. ☐ | g) Er kann gut radfahren. ☐ |
| d) Des morgens kommt der Verkehr zum erliegen. ☐ | h) Er kann gut Radfahren. ☐ |
| i) Meines Wissens gibt es nichts Neues. ☐ | m) vier bis fünf mal ☐ |
| j) Meines wissens gibt es nichts Neues. ☐ | n) vier- bis fünf mal ☐ |
| k) Meines Wissens gibt es nichts neues. ☐ | o) vier- bis fünfmal ☐ |
| l) Meines wissens gibt es nichts neues. ☐ | p) vier bis fünf Mal ☐ |

**3** *Testen Sie Ihre Sicherheit in der Kommasetzung.*

*a)* Prüfen Sie, an welcher der markierten Stellen ein Komma gesetzt werden muss.

*b)* Setzen Sie die Kommas.

Ich denke ( ) dass das Wochenende ( ) mit dir sehr schön werden wird.

Für eine schnelle Antwort ( ) wäre ich Ihnen sehr dankbar.

Das Unternehmen kann ( ) was es an Gewinn erwirtschaftet ( ) nicht allein behalten.

So ist es bei Vertragsabschluss gut ( ) alle Absprachen schriftlich niederzulegen.

**4** *In den folgenden Wörtern ist jeweils ein Buchstabe falsch.*

*a)* Streichen Sie den falschen Buchstaben durch.

*b)* Schreiben Sie das Wort jeweils richtig auf.

| | | |
|---|---|---|
| Pulwer ____________ | Sprid ____________ | Motiev ____________ |
| Konflict ____________ | Duedt ____________ | Koncept ____________ |
| Puplikum ____________ | Skitze ____________ | Sekreter ____________ |

**5** *Welche Schreibung ist richtig? Kreuzen Sie an.*

| | |
|---|---|
| a) alles Gute und viel glück ☐ | a) Sie kam heute morgen. ☐ |
| b) alles Gute und viel Glück ☐ | b) Sie kam Heute morgen. ☐ |
| c) alles gute und viel glück ☐ | c) Sie kam heute Morgen. ☐ |
| d) alles gute und viel Glück ☐ | d) Sie kam Heute Morgen. ☐ |

# Berufliche Kommunikation: Bericht

## Die Aufgabe

**Verfassen Sie einen Tagesbericht aus Sicht des Auszubildenden.**

## Die Aufgabe verstehen

Diese Überlegungen helfen Ihnen, die Aufgabe zu bearbeiten:
- nur die wichtigsten Informationen erfassen
- die W-Fragen beantworten
- sachlich und präzise formulieren
- keine eigene Meinung einbauen
- im Präteritum schreiben

## Das Material strukturieren

Der Auszubildende des Hotels „Sonnenschein" soll am 15. Februar einen Tag in der Rezeption verbringen, um die vielfältigen Aufgaben am Empfang kennen zu lernen.

8:30

**Frau Schreiber:** Hier werden alle Nachrichten einsortiert, also Post, Faxe, Notizen von mündlichen Mitteilungen.

8:00

**Auszubildender:** Guten Morgen, Frau Schreiber.
**Frau Schreiber:** Guten Morgen. Da will ich Ihnen heute mal die Arbeit an der Rezeption zeigen.

16:00

**Auszubildender:** Tschüss, bis morgen!

[...]

**Auszubildender:** Danke. Ich wünsche Ihnen einen schönen Tag.

[...]

**Gäste:** Wir wollen jetzt ins Kunstmuseum. Wie kommen wir denn dahin?
**Auszubildender:** Das kann ich Ihnen ganz einfach auf dem Stadtplan zeigen.

10:00

**Gast:** Ich möchte abreisen. Können Sie mir die Rechnung fertig machen?

11:35

**Auszubildender:** Einen Moment bitte, ich schaue nach. Ja, wir haben noch ein Doppelzimmer frei. Das kann ich für Sie reservieren.

**1** *Nummerieren Sie die Fotos entsprechend dem Tagesablauf.*

**2** *Schreiben Sie alle wichtigen Informationen geordnet in Ihr Heft. (Sie können dazu auch die Aufgabe 3 bearbeiten.)*

**3** *Beantworten Sie die W-Fragen:*
Was geschah? Wann geschah es? Wo geschah es? Wer war jeweils warum beteiligt?

Foto 1: ______________________________

______________________________

Foto 2: ______________________________

______________________________

Foto 3: ______________________________

______________________________

Foto 4: ______________________________

______________________________

Foto 5: ______________________________________________

______________________________________________

Foto 6: ______________________________________________

______________________________________________

Foto 7: ______________________________________________

______________________________________________

## Den Bericht schreiben

**1** *Verfassen Sie den vollständigen Tagesbericht. Beachten Sie dabei auch die einzuhaltende Zeitform.*

**2** *Überprüfen und überarbeiten Sie Ihren Bericht anhand der folgenden Checkliste.*

## Checkliste

**Aufbau**

- ☐ Habe ich ein passendes Gliederungsverfahren ausgewählt – nach dem zeitlichen Ablauf oder nach Themen (z. B. Aufgabenbereiche, Zusammenarbeit mit Kollegen)?
- ☐ Sind meine Informationen entsprechend der gewählten Gliederung angeordnet?

**Inhalt**

- ☐ Habe ich alle W-Fragen beantwortet?
- ☐ Sind alle vorhandenen Informationen wirklich wichtig?

**Sprache, Rechtschreibung, Zeichensetzung und äußere Form**

- ☐ Habe ich sachlich formuliert?
- ☐ Sind die Formulierungen kurz und präzise?
- ☐ Habe ich auf eigene Meinungsäußerungen verzichtet?
- ☐ Habe ich als Zeitform das Präteritum gewählt?
- ☐ Habe ich auf Umgangssprache und Abkürzungen verzichtet?
- ☐ Sind meine Sätze sinnvoll und grammatikalisch richtig verknüpft?
- ☐ Habe ich die Regeln der Zeichensetzung beachtet?
- ☐ Habe ich meine Arbeit noch einmal auf die Rechtschreibfehler überprüft, die ich am häufigsten mache?
- ☐ Habe ich meine Flüchtigkeitsfehler korrigiert?
- ☐ Habe ich Wörter nachgeschlagen, bei deren Schreibung ich unsicher war?
- ☐ Ist meine Schrift lesbar?

## Weiterschreiben

**1** *Wenn Sie eine weitere Trainingsmöglichkeit für das Berichten benötigen, dann bearbeiten Sie die folgende Aufgabe:*
Schreiben Sie einen Bericht über den Ablauf einer selbst ausgewählten Talkshow.

# Berufliche Kommunikation: Ergebnisprotokoll

## Die Aufgabe

Schreiben Sie das Ergebnisprotokoll der Besprechung.

## Die Aufgabe verstehen

Diese Überlegungen helfen Ihnen, die Aufgabe zu bearbeiten:

- nur die Ergebnisse der Besprechung festhalten
- keine einzelnen Wortbeiträge erfassen
- keine eigene Meinung einbauen
- im Präsens schreiben

### Die Besprechung

*Am Montag, den 14. Juni 2008 findet um 8 Uhr im Büro des Hotelchefs, Herrn Sonnenschein, eine 5-minütige Dienstbesprechung statt. Eine halbe Stunde zuvor teilte eine größere Gruppe mit, dass sie bereits am Dienstag anreisen werde, statt wie geplant am Mittwoch. Der Einsatzplan muss deshalb sofort geändert werden. Der Auszubildende, Volker Vogel, soll protokollieren.*

**Herr Sonnenschein:** Morgen steht uns ein arbeitsreicher Tag bevor. Es kommen 50 neue Gäste einen Tag früher. Es handelt sich um Teilnehmer einer Konferenz in unserem Hause. Da die Konferenz schon um 11:30 Uhr beginnt, müssen die erforderlichen Zimmer aber nicht wie üblich um 14 Uhr, sondern schon vier Stunden früher bezugsfertig sein.
**Mitarbeiter** *(durcheinander)*: Oh, nee, ja, super, Bingo!
**Herr Sonnenschein:** Könnten wir diese Besprechung sachlich führen? Frau Jansen, Sie müssen deshalb morgen um 7 Uhr Ihren Dienst beginnen.
**Frau Jansen:** Oh, ich habe um 7 Uhr einen Arzttermin. Ich bin frühestens um 8 Uhr da.
**Herr Sonnenschein**: Dann übernehmen Sie, Herr Weyers, diesen Dienst.
**Herr Weyers**: In Ordnung.
**Herr Sonnenschein**: Wir brauchen für diese Zusatzbelastung aber noch zusätzliche Kräfte. Frau Hinzen, ich weiß, Sie haben morgen Ihren freien Tag, aber ist es Ihnen möglich, doch zu kommen?
**Frau Hinzen**: Kein Problem.
**Herr Sonnenschein**: Vielen Dank, dann beginnen Sie Ihren Dienst auch um 7 Uhr. Die Gäste müssen im Konferenzraum durchgehend bewirtet werden. Wer übernimmt das?
**Frau Büttner**: Das mache ich.
**Herr Sonnenschein**: In Ordnung, aber lassen Sie sich von einem Auszubildenden helfen.
**Frau Büttner**: Wer steht morgen von den Auszubildenden zur Verfügung?
**Frau Linnich**: Herr Wilms ist in der Berufsschule, Frau Herold hat Urlaub, da bleibt nur Herr Heinen.

**Frau Büttner**: Herr Heinen, bitte kommen Sie morgen um 9 Uhr in den Konferenzraum, damit wir die Vorbereitungen durchführen können. Die Bestuhlung muss verändert werden. Außerdem muss die Funktionsfähigkeit der Konferenztechnik noch einmal überprüft werden.
**Herr Heinen** *(nickt)*: Soll ich noch etwas mitbringen?
**Frau Büttner**: Nein, das organisiere ich.
**Herr Sonnenschein**: Ansonsten ist Dienst nach Plan. Gibt es noch Fragen?
*(Anwesende schütteln den Kopf.)*
**Herr Sonnenschein**: Ich danke Ihnen für Ihre Einsatzbereitschaft.

## Das Material strukturieren

**1** *Welche Aussagen sind wirklich wichtig?*

*a)* Markieren Sie die wichtigen Aussagen.

*b)* Kontrollieren Sie Ihre markierten Textstellen: Haben Sie wirklich nur die Ergebnisse der Besprechung herausgefunden? Was kann gestrichen werden?

*c)* Schreiben Sie die wichtigen Aussagen auf.

**2** *Kreuzen Sie an, ob die folgenden Aussagen wichtig oder unwichtig für das Ergebnis der Besprechung sind. Beachten Sie dabei den Anlass der Dienstbesprechung.*

| Redebeitrag | wichtig | unwichtig |
|---|---|---|
| Morgen steht uns ein arbeitsreicher Tag bevor. | | |
| Es kommen 50 neue Gäste einen Tag früher. | | |
| Es handelt sich um Teilnehmer einer Konferenz in unserem Hause. | | |
| Da die Konferenz schon um 11:30 Uhr beginnt, müssen die erforderlichen Zimmer aber nicht wie üblich um 14 Uhr, sondern schon vier Stunden früher bezugsfertig sein. | | |
| Oh, nee, ja, super, Bingo! | | |
| Könnten wir diese Besprechung sachlich führen? | | |
| Frau Jansen, Sie müssen deshalb morgen um 7 Uhr Ihren Dienst beginnen. | | |
| Oh, ich habe um 7 Uhr einen Arzttermin. Ich bin frühestens um 8 Uhr da. | | |
| Dann übernehmen Sie, Herr Weyers, diesen Dienst. | | |
| In Ordnung. | | |

**3** *Entscheiden Sie für die restlichen Redebeiträge im Text, ob diese in das Ergebnisprotokoll aufgenommen werden müssen.*

## Das Ergebnisprotokoll schreiben

**1** *Überlegen Sie, welche Angaben – außer den Ergebnissen der Besprechung – unbedingt in einem Protokoll stehen müssen.*

**2** *Verfassen Sie das Protokoll aus Sicht des Auszubildenden Volker Vogel. Schreiben Sie auf einem gesonderten Blatt Papier.*

**3** *Überprüfen und überarbeiten Sie Ihr Protokoll anhand der folgenden Checkliste.*

## Checkliste

**Aufbau**

- ☐ Habe ich die richtige Protokollart gewählt (Verlaufs- oder Ergebnisprotokoll)?
- ☐ Ist mein Ergebnisprotokoll kurz?
- ☐ Habe ich im Verlaufsprotokoll die Reihenfolge der Beiträge beibehalten?
- ☐ Stehen im Kopf meines Protokolls folgende Angaben: Art der Veranstaltung, Ort, Zeit, Teilnehmer/innen, Name des/der Protokollanten/in?
- ☐ Steht unter dem Protokoll meine Unterschrift?

**Inhalt**

- ☐ Sind im Ergebnisprotokoll nur die Ergebnisse / Beschlüsse erfasst?
- ☐ Habe ich alle Informationen vollständig wiedergegeben?

**Sprache, Rechtschreibung, Zeichensetzung und äußere Form**

- ☐ Habe ich auf Umgangssprache und Abkürzungen verzichtet?
- ☐ Habe ich als Zeitform das Präsens gewählt?
- ☐ Ist die indirekte Rede (bei Wiedergabe von Redebeiträgen im Verlaufsprotokoll) richtig formuliert?
- ☐ Sind meine Sätze sinnvoll und grammatikalisch richtig verknüpft?
- ☐ Habe ich die Regeln der Zeichensetzung beachtet?
- ☐ Habe ich meine Arbeit noch einmal auf die Rechtschreibfehler überprüft, die ich am häufigsten mache?
- ☐ Habe ich Flüchtigkeitsfehler korrigiert?
- ☐ Habe ich Wörter nachgeschlagen, bei deren Schreibung ich unsicher war?
- ☐ Ist meine Schrift lesbar?

## Weiterschreiben

**1** *Wenn Sie eine weitere Trainingsmöglichkeit für das Protokollieren benötigen, dann bearbeiten Sie die folgende Aufgabe:*

Protokollieren Sie eine Gerichtsshow im Fernsehen. Begründen Sie, welche Protokollart dafür zweckmäßig ist.

**Textquellen:** **S. 26:** *Lange Wochenarbeitszeit, aber auch langer Urlaub.* In: *Frankfurter Allgemeine Zeitung, 16.9.2008.* **S. 37:** *Zum fünften Mal in Folge in der ersten Reihe.* In: *Rhein-Neckar-Zeitung, 30.12.2008.* **S. 38:** **Irene Dische:** *Liebe Mom, lieber Dad.* Aus: *Lieben. Loves. Erzählungen.* Aus dem Englischen von Reinhard Kaiser u. a. Hamburg: Hoffmann und Campe Verlag 2007. **S. 51: Fjodor Dostojewski:** *Die Zigarre und das Hündchen.* Aus: *Die Lust am Rauchen, Geschichten und Gedichte vom blauen Dunst.* Ausgewählt v. Mario Leis. Frankfurt am Main und Leipzig: Insel Verlag (insel tb 2956) 2003. **S. 52: Mark Twain:** *So fand ich das Leben.* Aus: *Wer wagt, gewinnt, 19 optimistische Geschichten.* Ausgewählt v. Brigitte Sinhuber-Erbacher. Hameln: Niemeyer 1997. **S. 57: Johann Peter Hebel:** *Das wohlfeile Mittagessen.* Aus: *Das Gute Wort des Christlichen Hausfreundes aus dem Markgräflerland.* Auswahl v. Friedrich Seebass. Freiburg im Breisgau 1951. **Umschlagseite** (hinten, innen): *Mit dem Wörterbuch arbeiten.* Nach: *Wahrig. Die deutsche Rechtschreibung.* Gütersloh/München: Wissen Media Verlag 2006.

**Bildquellen: Einband:** Getty Images; **S. 4:** picture-alliance/dpa-infografik; **S. 6:** picture-alliance/dpa; **S. 7:** Deutsches Tiefkühlinstitut e.V.; **S. 9 v. oben nach unten:** ullstein bild-Imagebroker.net, picture-alliance/chromorange, picture-alliance/chromorange, tbel-Fotolia.com; **S. 11:** picture-alliance/Globus Infografik; **S. 15:** Tomo Jesenicnik-Fotolia.com; **S. 18:** picture-alliance/ZB; **S. 25:** picture-alliance/dpa; **S. 26:** picture-alliance/ZB; **S. 38:** ullstein bild-P/F/H; **S. 48:** picture-alliance/dpa; **S. 52:** ullstein bild-Granger Collection; **S. 60:** picture-alliance/chromorange; **S. 62:** Bildmaschine.de/Michaela Begsteiger; **S. 64:** picture-alliance/ZB; **S. 82/83:** Peter Wirtz, Dormagen; **S. 85:** ullstein bild-Mehrl.

**Redaktion:** Beatrice Wolter, Bonn; Dietlinde Thomas
**Bildrecherche:** Kirsten Greve
**Illustrationen:** Miklos Buttkai, Duisburg
**Technische Umsetzung:** EYES-OPEN, Berlin
**Umschlaggestaltung:** EYES-OPEN, Berlin

**www.cornelsen.de**



1. Auflage, 1. Druck 2009

Alle Drucke dieser Auflage sind inhaltlich unverändert
und können im Unterricht nebeneinander verwendet werden.



Druck: Himmer AG, Augsburg

ISBN 978-3-06-061209-3

Inhalt gedruckt auf säurefreiem Papier aus nachhaltiger Forstwirtschaft.